Thomas Drexel

# Häuser im Süden

Callwey Verlag

# Inhalt

6 Vorwort

10 Einführung: Ein Traumhaus sehen, lieben – und dann?
18 Die Renovierung – Planung und Ausführung
24 Mediterrane Einrichtungsgestaltung mit Sinn und Stil
30 Die Anlage eines Mittelmeergartens

Beispielobjekte

34 Höchste Kunst und größte Einfachheit:
Ein Landhaus im Chianti

42 Restaurierung als Lebenswerk:
Eine Renaissance-Villa in Florenz

50 Die Würde des Alten und die Kreativität des Neuen:
Ein Dorfhaus in den Alpi Apuani

60 Domizil mit Weitblick:
Ein Landhaus in der Maremma

68 Abseits ausgetretener Pfade:
Ein Dorfhaus in den Marken

76 Rückzugsort mitten im Dorf:
Ein altes Mas im Vaucluse

90 Vom Bauernhof zur Galerie:
Ein Landhaus in der Provence

98 Zwischen Kirche und Tal:
Ein früheres Wirtshaus nahe Gordes

104 Die Seele des Architekten:
Ein Stadtpalais in Palma de Mallorca

114 Landsitz im Naturparadies:
Eine Finca in der Serra Tramuntana

122 Kleines Gebäude mit viel Persönlichkeit:
Ein Dorfhaus in Mallorcas Mitte

130 Traumblick auf die Bucht:
Ein Stadthaus im Herzen von Palma

136 Wohnsitz in der Arena:
Ein Stadthaus in Pollensa

Anhang

146 Checkliste Renovierungsplanung

150 Besonderheiten bei Immobilienkauf und Bauantrag in Italien, Frankreich und Spanien

159 Wichtige Adressen

159 Literaturverzeichnis

160 Abbildungsnachweis

---

zu Seite 3: **Traumhaus bei Arezzo: Das Landhaus der Familie Castellucci, ein ehemaliger Konvent aus dem 15. Jahrhundert, ist mit viel Liebe zum Detail renoviert worden. Fast unmerklich geht der bewußt naturnah gestaltete Garten in die umgebende Landschaft über.**

zu Seite 4: **Die wunderschöne Eingangstüre des ehemaligen Jagdhauses in der südlichen Toskana, nahe bei Vescovado di Murlo, konnte bei der Renovierung bewahrt werden.**

# Vorwort

Sitzplatz mit Aussicht: Architekt Antonio Estéva hat die Renovierung der alten Finca Son Gener mit viel Sinn für Atmosphäre und eindeutige Ästhetik geplant.

Immer mehr Menschen entdecken die Genüsse mediterraner Lebensart. Abseits allzu platter und vielfach wiederholter Klischees werden die Liebhaber der südlichen Länder darin übereinstimmen, daß die etwas entspanntere Art des täglichen Umgangs, die Sonne und die magische Wirkung des Lichts, die Landschaft und Kultur, die Küche sowie nicht zuletzt die Nähe zum Meer eine besondere Faszination ausüben. Hieraus entsteht oft die Sehnsucht, selbst im mediterranen Raum zu leben – am besten in einem alten Haus mit seinem besonderen, als unverfälscht empfundenen Flair. Die zahlreichen und weiter zunehmenden Ferienhauserwerbungen in Spanien, Italien und Südfrankreich belegen dies nachdrücklich.
Nicht selten passiert es, daß man sich während des Urlaubsaufenthalts spontan in ein Haus verliebt. Doch bei aller spontanen Begeisterung muß das weitere Vorgehen sehr genau überlegt und mit Bedacht geplant werden, um sich nicht auf ein Abenteuer mit ungewissem Ausgang einzulassen. Dieses Buch bietet eine umfassende Hilfestellung für alle wichtigen Aspekte.
Im Einführungsteil werden die „Spielregeln" bei der Haussuche und Finanzierung, die Planungsabläufe, die gestalterischen und praktischen Fragestellungen im allgemeinen sowie in ihren länderspezifischen Ausprägungen dargestellt. Der Hauptteil widmet sich der Beschreibung von herausragenden Einzelobjekten, die nicht nur durch ihre Gestaltung begeistern, sondern auch eine Fülle praktischer Anregungen zum Nachmachen bereithalten. Bei den Häusern handelt es sich durchgehend um Altbauten, die behutsam im landestypischen Stil und doch mit viel Esprit renoviert wurden. Neben den umfassenden Angaben zu Renovierungsplanung und -ablauf finden sich Sachinformationen wie Erwerbungs- und Umbaukosten, Wohn- und Grundstücksflächen, wichtige Adressen und Bezugsquellen.
Während die einführenden Kapitel die Gegebenheiten für ganz Spanien, Italien und Frankreich beschreiben, konzentriert sich die Auswahl der Objekte auf die besonders beliebten mediterranen Gebiete Mittelitalien, Provence und Mallorca. Die Ausführungen zu allen renovierten Anwesen lassen sich dabei ohne weiteres auf die Verhältnisse in anderen Regionen übertragen. Die Spannbreite der dargestellten Objekte reicht von freistehenden Landhäusern über Dorfhäuser und Villen in Stadtrandlage bis hin zu Objekten im innerstädtischen Bereich, sowohl im Landesinneren als auch in Meeresnähe.
Ist das Traumhaus gefunden, muß man sich zunächst grundsätzlich für oder gegen den Kauf entscheiden und gegebenenfalls Gedanken über die darauf folgende Vertragsgestaltung sowie die Abwicklung der finanziellen Transaktionen machen. Eingehende Hinweise hierzu finden sich im Anhang, wo die wesentlichen rechtlichen

**Der Schrankkoffer im Anwesen Pellegrini. Er wurde bereits Anfang des Jahrhunderts vom Großonkel benutzt (siehe auch Seite 58 ff.).**

und finanziellen Besonderheiten für die verschiedenen Länder übersichtlich aufgelistet sind, und natürlich bei der Beschreibung der einzelnen Objekte.
Im weiteren stellt sich die Frage nach dem optimalen Vorgehen bei der Renovierung. Dieses Buch weist den Weg von der Suche nach dem richtigen Architekten über die notwendigen Bauuntersuchungen, die Planung und praktische Ausführung der Restaurierungs- und Modernisierungsarbeiten bis hin zur Innenarchitektur. Das Kapitel „Die Renovierung – Planung und Ausführung" geht auf die hierbei zu beachtenden Punkte im allgemeinen ein und berücksichtigt auch die verschiedenen länderspezifischen Besonderheiten. Vor allem aber enthalten die Kapitel zu den einzelnen Beispielobjekten eine Fülle von wissenswerten Sachinformationen über alle Aspekte der Renovierung.
Nach dem Abschluß der Bauarbeiten stellt die Einrichtungsgestaltung eine weitere kreative Herausforderung dar. Gerade die Verwirklichung regionaltypischer Wohnstile in jahrhundertealten Mauern und die Kombination mit modernen Einrichtungsideen erfordern viel Behutsamkeit und Kreativität. Der Lohn aber ist, wie die Beispielobjekte dieses Buchs überzeugend belegen, eine höchst stilvolle und persönliche Mittelmeer-Atmosphäre.
Zu guter Letzt verbleibt die Anlage – oder Wiederherstellung – eines mediterranen Gartens. Viele in diesem Buch gezeigte Gärten können Vorbild für die Verwirklichung des eigenen kleinen Paradieses sein. Die Auswahl der Mittelmeerpflanzen, die Verwendung von Natur- und Backstein, die Einbeziehung von Wasserläufen und viele andere Gestaltungsvorschläge kommen detailliert zur Sprache.
Viele Leser werden sicherlich auch die in diesem Buch enthaltenen zahlreichen Tips für stilvolle und außergewöhnliche Ferienhäuser zu schätzen wissen.
Ein großer Teil der beschriebenen Häuser kann für Urlaubsaufenthalte gemietet werden. Hier bietet sich die ansonsten nur sehr selten vorhandene Möglichkeit, sich mit Hilfe der ausführlichen textlichen Beschreibungen und zahlreichen Abbildungen vorab ein umfassendes Bild vom künftigen Urlaubsdomizil zu machen.
Die beigefügten Kontaktadressen erlauben es, direkt bei den Anbietern Informationen einzuholen und Buchungen vorzunehmen.
Jenseits allen praktischen Nutzens fasziniert dieser Band durch die vielgestaltige Schönheit der Gebäude, Innenräume und Gärten. Niemand wird dieses Buch für lange Zeit im Regal verschwinden lassen, sondern es wird bestimmt oft wieder hervorgeholt und von neuem angeschaut werden. Der Autor wünscht allen Leserinnen und Lesern viel Freude mit diesem Buch und bei der Verwirklichung ihrer mediterranen Träume!

Folgende Seiten:
**Südliche Stimmung in einer ehemaligen Stierkampfarena (siehe auch Seite 136 ff.).**

Dieses atemberaubend schöne Landhaus im Chianti weckt Sehnsüchte (Näheres dazu ab Seite 34).

## Einführung
# Ein Traumhaus sehen, lieben – und dann?

Nicht selten kommt es vor, daß potentielle Hauskäufer von ihrer Neigung zum Süden und der wundervollen Urlaubsstimmung übermannt werden und sich ohne ausreichende Vorinformation zum Kauf eines mediterranen Eigenheims verleiten lassen. Solche Spontaneität kann allerdings, dies bestätigen auch unabhängige Beratungsorganisationen immer wieder, zu einer verhängnisvollen Belastung werden. Da auf EU-Ebene im Bereich des Immobilienrechts keine durchgreifenden Vereinheitlichungen vorgesehen sind, ist der Käufer in jedem Land mit einer völlig anderen und für ihn absolut neuen Rechtslage konfrontiert. Alle Aktivitäten, die über den Traum vom Haus im Süden hinausgehen, sollten vorab mit Fachleuten erörtert werden. Eigene gute Fremdsprachenkenntnisse sind zwar von Vorteil und können unter Umständen einen Dolmetscher ersparen, jedoch sollte man dennoch nicht auf Expertenrat verzichten. Auf Immobilienerwerb im Ausland spezialisierte, seriöse und unabhängige Rechtsanwälte und Steuerberater, vor allem in Frankreich auch Notare, sind am besten in der Lage, professionelle Hilfestellung zu leisten. Wertvolle Ratschläge können Verbände wie die Deutsche Schutzvereinigung Auslandsimmobilien (DSA) oder die Deutsche und Schweizerische Schutzgemeinschaft für Auslandsgrundbesitz geben. Die Adressen beider Organisationen finden sich im Anhang.

**Einheit in Blau und Erdtönen:** Der Himmel über der Provence spiegelt sich im Pool, die graublauen Fensterläden variieren das Farbthema, die Kalksteinmauern und -platten setzen einen erdigen Akzent. Die Nutzung des ehemaligen Bauernhauses hat sich geändert, sein Charakter blieb gewahrt.

Oben: **Wem ein Dorfhaus im faszinierend gelegenen Gordes zu wenig Ruhe bietet, der findet vielleicht sein Traumhaus in etwas abgelegeneren Landstrichen der Provence.**
Unten: **Meeresbuchten, deren Schönheit atemlos macht, und menschenleere Strände sind auch in vielbesuchten mediterranen Gegenden mit etwas Glück noch zu finden. Auf reizvolle alte Häuser wird man in solchen Lagen zwar selten stoßen, aber nur wenige Kilometer im Landesinneren läßt sich oft noch ein günstig gelegenes und bereits deutlich preiswerteres Domizil erwerben.**

Zum für Mitglieder kostenlosen Service gehören etwa bei der DSA unter anderem die Durchsicht von Vertragsentwürfen und anderen Unterlagen bei Kauf oder Verkauf, die Beratung während des Besitzes und Informationen über Steuerfragen. Ein Übersetzungsservice steht gegen Gebühr ebenfalls zur Verfügung. Beide Organisationen bieten eine Reihe von Büchern und Mitgliederzeitschriften mit aktuellen Nachrichten über Regelungen zum Immobilienerwerb, Gesetzesänderungen und andere wissenswerte Länderinformationen an. Eine Auswahl dieser Publikationen wurde in das Literaturverzeichnis dieses Buchs aufgenommen. Wichtig ist im übrigen auch ein offenes Ohr für die Erfahrungen von Freunden und Bekannten, die vielleicht schon einige Fehler gemacht haben, aus denen man lernen kann.

Die Haussuche im Ausland auf eigene Faust zu betreiben, wird schon wegen des damit verbundenen zeitlichen und finanziellen Aufwands selten praktikabel sein. Wenn man einen Immobilienmakler mit der Suche nach dem Traumhaus beauftragen will, sollte man sich als erstes bei vor Ort lebenden Freunden, Architekten oder bei Berufsdachverbänden nach dessen Seriosität erkundigen. Während in Frankreich der Beruf des Immobilienmaklers (*agent immobilier*) recht strengen Voraussetzungen (zum Beispiel hinsichtlich der Ausbildungsanforderungen) unterliegt, sind diese in Italien und Spanien weniger eindeutig geregelt. Folglich sollte man hier noch größere Vorsicht walten lassen und intensivere Erkundigungen einholen.

Dies gilt natürlich auch für den Fall, daß man ein Anwesen durch einen vom Ver-

> »Die Suche nach dem individuellen mediterranen Traumhaus mit Flair braucht Zeit, Umsicht und viel Geduld.«

käufer beauftragten Makler angeboten bekommt. Im Regelfall ist es üblich, daß der Makler ausschließlich vom Verkäufer bezahlt wird. In Frankreich dürfen Notare auch als Immobilienvermittler tätig werden.

Wer sich den Weg zum mediterranen Anwesen erleichtern möchte, kann mittlerweile mit einer Reihe heimischer Geldinstitute in Verbindung treten, die in den Mittelmeerländern gelegene Immobilien und die dazu passende Finanzierung anbieten. Kaufinteressenten sollten hier besonders darauf achten, daß keine doppelten Maklergebühren anfallen. Das wohl bekannteste Vermittlungssystem für Auslandsimmobilien unterhält die LBS mit ihrem Casa-Europa-Programm. Der Service umfaßt neben der Immobilienvermittlung und -finanzierung die Hilfestellung bei der Vertragsgestaltung, die Bewertung des Objekts und Prüfung des Grundbuchs. Kontakte mit Partnern vor Ort – zum Beispiel Rechtsanwälten, Notaren, Schätzern und Behörden – ermöglichen einen vergleichsweise unkomplizierten Ablauf. Mit Ausnahme von Italien können die Kredite vor Ort gesichert werden, die teuren Bürgschaftsverfahren entfallen damit. Aber auch andere Bausparkassen und Kreditinstitute bieten vergleichbare Serviceleistungen für den Erwerb von Auslandsimmobilien an. Grundsätzlich sollte man niemals irgendeine wie auch immer geartete vertragliche Verpflichtung eingehen oder Zahlungen leisten, ohne die Verhandlungsvollmacht des Maklers und die Eigentümerschaft des Anbieters (Notarvertrag oder Grundbuchauszug) überprüft zu haben. Ebenso sollte mit Hilfe eines Notars überprüft

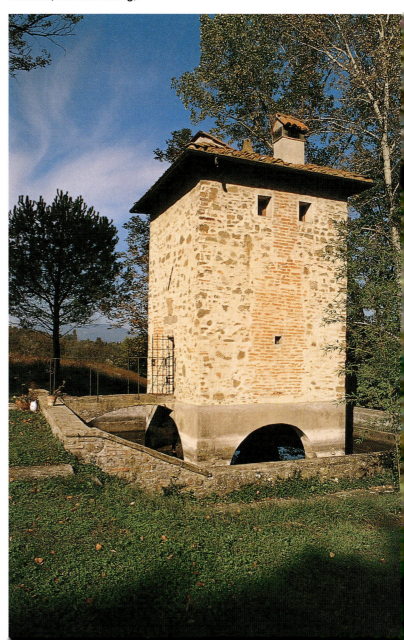

**Wohntraum für Naturliebhaber vor den Toren von Florenz:** Dieser stimmungsvolle alte Turm steht inmitten eines Wasserbeckens. Der Eingang ist nur über einen Steg zugänglich (Die Versteckte Toskana, Bettina Röhrig).

**Toskana zum Träumen: So manche(r) möchte wohl all ihre (seine) Tage zwischen solchen zypressengekrönten Hügeln und wogenden Mohnfeldern verbringen.**

werden, ob Vorkaufsrechte existieren, die Immobilie vermietet oder verpachtet ist, ob sie frei von Belastungen ist, alle Steuern bezahlt, Umlagerückstände vorhanden sind und nicht zuletzt, ob für sämtliche Gebäudeteile rechtmäßige Baugenehmigungen vorliegen.
Sind bauliche Erweiterungen beabsichtigt, sollte bei der zuständigen Baubehörde nachgefragt werden, ob diese auch tatsächlich genehmigungsfähig wären. In Italien können Erweiterungsbauten an landwirtschaftliche Nutzung gebunden sein, in Spanien werden für bebaubare Grundstücke in den geltenden Rahmenplänen oft Mindestgrundstücksgrößen (zum Beispiel 10 000 oder 15 000 m$^2$) festgelegt. Schließlich sollte das Kataster eingesehen werden, um die tatsächliche Grundstücksgröße und den entsprechenden steuerlichen Ertragswert herauszufinden.

Unerläßlich ist es auch, bereits vor dem Kauf einen Baufachmann – am besten einen auf Renovierungen spezialisierten Architekten – zu engagieren. Nur so kann die Bausubstanz zuverlässig überprüft und damit auch der Kostenumfang für die anstehenden Sanierungsmaßnahmen zumindest überschlägig geschätzt werden. Zudem eröffnet die Kenntnis vorhandener Bauschäden natürlich bessere Möglichkeiten, um über eine Reduzierung des Kaufpreises zu verhandeln. Ferner ist es insbesondere bei Stadt- und Dorfhäusern wichtig, die Nachbarn kennenzulernen und beizeiten festzustellen, ob man „auf einer Wellenlänge" liegt. Wenn dies der Fall ist und man selbst bescheiden und rücksichtsvoll auftritt, wird sich das Zusammenleben meist sehr angenehm und harmonisch gestalten.

Eine Klippe, an der leider bereits viele Immobilienträume zerschellt sind, ist der in den romanischen Ländern übliche Vorvertrag. Dieser wird vor dem eigentlichen Kauf abgeschlossen und soll beiden Vertragsparteien eine gewisse Sicherheit vor dem Abschluß des Hauptvertrags (und der Eintragung ins Eigentumsregister) geben, der unter anderem für den Käufer die Zusicherung über den späteren endgültigen Erwerb, für den Verkäufer eine Anzahlung zwischen 5 und 30 Prozent des Gesamtkaufpreises festlegt. In der Praxis herrscht allerdings bei den Kaufinteressenten oft große Unklarheit darüber, wodurch ein Vorvertrag konstituiert wird und welche Verpflichtungen er nach sich zieht. Im spanischen Recht gilt bereits eine mündliche Kaufzusage – und erscheint sie dem Käufer noch so harmlos – als verbindlich, ist also eine Art Vorvertrag, auf den sich der Verkäufer vor Gericht berufen kann. In Italien kann der Vorvertrag seit 1997 ins Immobilienregister eingetragen werden, wodurch die Position des Käufers deutlich gestärkt wurde.

Der notarielle Hauptvertrag ist in allen drei Ländern die Voraussetzung für die Absicherung des Eigentums. Der Notar hat in Frankreich auch alle weiteren Eintragungen zu veranlassen, in Italien und Spanien konzentriert sich seine Tätigkeit meist auf die Beurkundung. Weitere Aufgaben, zum Beispiel das Einsehen des Eigentumsregisters, müssen separat vereinbart werden.

Eine gute Übersicht von zum Verkauf stehenden Häusern bieten Immobilienmagazine, in denen man mit geringem zeitlichen Aufwand ein großes Angebot auf kleinem Raum vorfindet. Sehr empfehlenswert sind die Zeitschriften „Bellevue", „Bellevue Spanien" und „Bellevue Mallorca", die auch sehr gut recherchierte Artikel zu Kultur und täglichem Leben in den jeweiligen Regionen enthalten. Große überregionale Tageszeitungen wie

**Eine für die Provence typische Anlage mit um den Innenhof angeordneten Gebäuden und schützender Hofmauer. Wo kein Wein mehr geerntet wird, stehen solche gut erhaltenen Gehöfte oft zum Verkauf.**

## »Das Haus im Süden ist die Erfüllung eines Traums, kein Renditeobjekt.«

die Süddeutsche Zeitung, die Frankfurter Allgemeine und Die Welt bieten umfangreiche Immobilienangebote auch aus Italien, Frankreich und Spanien. Spanische Immobilienangebote finden sich des weiteren in der Zeitschrift „Casa & Campo Propriedades" (Immobilienanzeigen in englischer Sprache). Ferner enthalten die regional erscheinenden Journale (zum Beispiel „Info Canarias") und auch die großen Tageszeitungen eine Reihe von Immobilienannoncen.

Für die Haussuche in Frankreich zu empfehlen ist vor allem das Immobilienmagazin „Maisons de France" (Texte in englischer und französischer Sprache) mit zahlreichen Angeboten aus dem ganzen Land.

Die Immobilienpreise sind natürlich auch im mediterranen Bereich stark von den vorhandenen Angeboten, der Zahl der Kaufinteressenten und dem nachgefragten Preissegment in der jeweiligen Region abhängig. In Spanien liegen hier etwa die Kanarischen Inseln und Mallorca, in Frankreich die Côte d'Azur und die Provence, in Italien die Toskana und die Küste von Amalfi mit an der Spitze des Preisniveaus. Ganz allgemein sind die Erwerbungskosten an den Küsten und in den guten Lagen größerer Städte am höchsten. Eine Chance für vergleichsweise günstige Erwerbungen in reizvollen Regionen besteht beispielsweise in Zentralspanien und (noch) an der Orangenküste (vor allem im Hinterland), mit Abstrichen in den abgelegeneren Teilen der Provence, in der Ardèche und dem Pyrenäenvorland sowie in den Marken. Das oft empfohlene Umbrien nähert sich im Preisniveau mittlerweile an das der Toskana an, bietet aber bisher durchaus noch erschwingliche Altbauten.

Das Haus im Süden sollte in erster Linie der eigenen Freude und der der Familie dienen. Als Geldanlage mit großer Renditeerwartung kommt es nur sehr selten in Frage. Auch Besitzer, die sich oft in ihrem Feriendomizil aufhalten, werden in der Regel einen Verwalter beauftragen müssen, Unterhaltskosten und Steuern werden fällig. Durch Doppelbesteuerungsabkommen wird zwar sichergestellt, daß alle Personen mit Zweitwohnsitz die Einkommensteuer für Vermietung von Wohneigentum im Ausland jeweils nur in einem Land zu zahlen haben, aber natürlich sind andere Steuern (zum Beispiel die Grunderwerbsteuer) und Abgaben in jedem Fall zu entrichten. Auf Kauf, Weiterverkauf, Schenkung und Vererbung von Immobilien werden ebenfalls oft Steuern erhoben (zum Beispiel die plus valía-Steuern in Spanien). Allerdings werden beispielsweise in Deutschland Gewinne aus privaten Grundstücksverkäufen nach Ablauf der Spekulationsfrist nicht mehr besteuert. Wählt man einen Ort im mediterranen Raum als Hauptwohnsitz, so wird man dort vollständig steuerpflichtig. Die Vermietung kann zusätzliche Einnahmen bringen, setzt jedoch unter anderem entweder die Wahl einer sehr guten und professionell arbeitenden Ferienhausagentur oder intensives persönliches Engagement voraus. Stets ist zu bedenken, daß für die Wintermonate auch im größten Teil des mediterranen Bereichs kaum Buchungen eingehen werden. Eine gewisse Ausnahme bilden hier höchstens Regionen wie die Kanarischen Inseln und Südspanien.

**Dieser stimmungsvolle Innenhof verdankt seine Wiederherstellung dem Engagement der Familie Lühmann, die das halbverfallene frühere Bauernhaus bei Vaison-la-Romaine gerettet und stilsicher renoviert hat. Heute dient das Gebäude als Gästehaus für gehobene Ansprüche.**

Etwas anders stellt sich die Lage dar, wenn Gebäude nach der Renovierung als Gästehäuser oder Hotels dienen sollen. Dies kann eine durchaus lukrative neue Existenz sein, bedingt allerdings im Normalfall die Übersiedlung in das Gastland und natürlich ein tragfähiges Geschäftskonzept. Aussichtsreich ist das in erster Linie im hochpreisigen Angebotssektor, der wiederum eine hohe Qualität der Renovierung und beträchtliche Vorinvestitionen in Ausstattung und Einrichtung erfordert. Als Alternative zur rein touristischen Nutzung werden alte Wohn- oder Wirtschaftsgebäude oft von – alteingesessenen oder zugezogenen – Landwirten renoviert, um sie als zweites Standbein an Gäste zu vermieten.

Die Menge der hier beschriebenen rechtlichen und wirtschaftlichen Aspekte zeigt, daß eingehende Vorinformation, Beratung durch Fachleute und intensives Literaturstudium unverzichtbare Voraussetzungen für ein lange währendes Glück im eigenen Traumhaus sind. Hiervon sollte sich aber niemand abschrecken lassen, denn der Immobilienerwerb ist im mediterranen Raum grundsätzlich nicht komplizierter als andernorts, wenn man die geltenden Regeln beachtet.

# Die Renovierung – Planung und Ausführung

**Hier entstehen in Handarbeit Terrakotta-Platten bester Qualität. Auf diesem Bild wird der angemachte Ton in die Form, einen in diesem Fall halbsteingroßen Holzrahmen, gefüllt (Mario Mariani, Impruneta).**

Am besten schon vor dem Erwerb, spätestens aber rechtzeitig vor Beginn der Renovierung sollte ein kompetenter Architekt beauftragt werden, dessen Sensibilität im Umgang mit alter Bausubstanz bekannt ist. Hier können oft Freunde und Bekannte, Bau- und Denkmalschutzbehörden befragt oder Vereinigungen konsultiert werden, die sich die Bewahrung des baulichen Erbes zum Ziel gesetzt haben. In Frankreich wäre hier etwa die *Demeure Historique* anzusprechen, die Rat und Hilfestellung in nahezu allen Fragen der Altbaurenovierung gewährt (Adresse siehe Anhang).

Als erstes ist eine genaue Vermessung erforderlich, da bei älteren Gebäuden oft keine oder nur unzureichende Bestandspläne vorhanden sind. Dieses meist vom Architekten vorgenommene Aufmaß, das in der Regel im Maßstab 1:50 erstellt wird, hält den Ist-Zustand genau fest und dient als Grundlage für die Erstellung der weiteren Planung. Ferner können dadurch oft Rückschlüsse auf statische Schäden gezogen und Sicherungsmaßnahmen eingeleitet werden.

Auch wenn bereits vor dem Kauf eine erste Untersuchung des Bestands erfolgt ist, empfiehlt sich vor der Planung eine eingehendere Ermittlung eventueller baulicher Schwachstellen. Bei den meisten alten Häusern, deren Bedachung nicht beschädigt und die nicht lange Zeit unbewohnt waren, können die Schäden in der Regel zwar mit relativ geringem Aufwand behoben werden, müssen aber zur Berechnung des Kostenvolumens und zur Maßnahmenplanung möglichst vollständig bekannt sein.

Insbesondere, wenn historisch interessante Details (zum Beispiel Fresken, Stuckierungen, Intarsienarbeiten) bekannt sind, empfiehlt es sich, das Gebäude daraufhin eingehend untersuchen und die Befunde in Text, Zeichnung und Foto festhalten zu lassen. Eine solche restauratorische Untersuchung kann je nach Gebäude auch auf bestimmte Analysen, etwa der Innenausstattung, beschränkt werden oder – wie meist bei einfachen Bauern-, Fischer- oder Handwerkerhäusern – ganz entfallen. Wie bei allen Planungs- und Arbeitsschritten ist hier eine enge Abstimmung mit den Bau- und Kulturbehörden ratsam. Dies gilt besonders für geschützte Denkmäler.

Der Entwurf (meist im Maßstab 1:100) basiert auf dem verkleinerten Aufmaß. Er umfaßt Grundrisse für alle Gebäudeteile und Seitenansichten des Hauses. Auf dieser Grundlage können die anfallenden Kosten schon recht zuverlässig ermittelt werden (Kostenschätzung sowie gegebenenfalls Wirtschaftlichkeitsberechnung und Finanzierungsplan). Teilweise werden von Seiten der zuständigen Behörden für Renovierungen Zuschüsse gewährt. Stets sollte man möglichst frühzeitig, in jedem Fall aber vor dem Einreichen der Genehmigungsunterlagen und dem Beginn der Bauarbeiten, mit den zuständigen Bau- und Denkmalämtern in Verbindung treten. Die Finanzhilfen sind natürlich in der Regel an eine denkmalgerechte und den behördlichen Anforderungen entsprechende Ausführung der Maßnahmen gebunden. Die Baueingabe zur Einleitung des Genehmigungsverfahrens bei der zuständigen Baubehörde umfaßt genau bemaßte Grundrißpläne und Ansichten, die Baubeschreibung sowie weitere, je nach Land und Region unterschiedliche Unterlagen. Sie muß stets mit den eventuell vorhandenen Flächennutzungs-, Bebauungs- und sonstigen Plänen im Einklang stehen. Der beauftragte Architekt weiß über die Anforderungen im einzelnen Bescheid, ansonsten erteilen die Gemeinden und Baubehörden Auskunft. Es muß dringend davor gewarnt werden, die vorgeschriebenen Genehmigungsvoraussetzungen zu mißachten. Gerade viele beliebte Regionen wie die Toskana und Mallorca sind heute mit vollem Recht sehr wachsam, was die Veränderung oder Zerstörung ihres baulichen Erbes angeht.

Oben: **Das Mauerwerk am umgestalteten Eingang dieses Hauses im Luberon wird neu verputzt.**
Unten: **Die geformten, noch ungebrannnten Steine werden mit einer Schnur aus der Form gelöst und zum Trocknen zwischengelagert.**

**Verwunschener Durchblick bei einem Haus in den Marken: Die Mauer besteht aus Kalksteinen, der Sturz ist aus Eichenholz, die Mauerkrone mit den typischen römischen Ziegeln gedeckt.**

Wer ein altes Haus im Süden erwirbt, sollte auch die nötige Sensibilität für die dortige Kultur und den angemessenen Respekt für die jeweils geltenden Regelungen mitbringen. Zudem sprechen rein materielle Gründe für die Einhaltung der Bauvorschriften, denn bei Mißachtung drohen in einigen Regionen durchaus hohe Geldstrafen und sogar Abrißverfügungen. Ist die Genehmigung zur Aufnahme der Renovierungs- und Umbauarbeiten erteilt, folgt die Vergabe der Aufträge an die Handwerksfirmen. Oft kennt der Planer zuverlässige und in Renovierungsvorhaben erfahrene Firmen. Eine andere Möglichkeit führt wiederum über die privaten Denkmalschutzvereinigungen der Länder und Regionen. In jedem Fall bedarf die Auswahl der Handwerker größter Sorgfalt, da eine behutsame Renovierung unter anderem große Sensibilität für den Bestand und den gekonnten Umgang mit traditionellen Baumaterialien und -techniken voraussetzt.

Um sich gegen unkalkulierbare finanzielle Risiken abzusichern, sollte im Vertrag mit dem jeweiligen Unternehmen immer ein Festpreis vereinbart werden. Eine genaue Leistungsbeschreibung ist hierfür die Grundlage.

Den Beginn der praktischen Renovierung bilden im allgemeinen Arbeitsgänge wie die Baustelleneinrichtung, die Verlegung der Anschlüsse für die Haustechnik, die eventuell notwendigen Erdbewegungen, vorbereitende Aus- und Aufräumarbeiten sowie – falls unumgänglich – der Abriß baufälliger Anbauten und Nebengebäude. Bevor vorhandene alte Farb- oder Putzschichten oder andere Bauteile entfernt werden, sollten sie genau auf etwaige

Spezialisierte Baumaterialienhändler bieten fast alle nur denkbaren alten Stücke für die behutsame Altbauerneuerung (Provence Retrouvée).

wertvolle Befunde hin untersucht werden. Bei positivem Ergebnis müssen die betreffenden Stellen fachmännisch untersucht und gesichert werden.
Weiterhin müssen Maßnahmen gegen vorhandene Feuchtigkeits- und Schädlingsherde ergriffen, nötigenfalls konstruktive Bauteile (zum Beispiel Deckenbalken, Dachsparren) ganz oder teilweise ausgetauscht werden. Probleme mit feuchtem Mauerwerk bestehen im mediterranen Bereich des öfteren bei Backsteinbauten, dagegen nehmen Kalksteine fast kein Wasser auf. Anders verhält es sich allerdings mit dem Tuffstein, der Feuchtigkeit regelrecht aufsaugt und zudem eine deutlich geringere Festigkeit als Kalkstein besitzt. Vor allem im mittleren und südlichen Teil Italiens wurden ganze Dörfer und Städte aus Tuffstein erbaut. Zur Verhinderung neuerlicher Schäden durch aufsteigende Feuchtigkeit können vertikale oder horizontale Absperrungen der Grundmauern durch kaschierte Bitumenpappen oder ähnliches eingebaut werden. Die Bereiche müssen dann verkeilt oder mit dem gleichen Material des bestehenden Mauerwerks ausgemauert werden. Saubere Anschlüsse, die Verwendung diffusionsoffener Putze (keine Kunststoff- oder reinen Zementputze!) und Mineralfarben sowie regelmäßiges Heizen sind ebenfalls wichtige Faktoren, um das Haus auf Dauer trocken zu halten.
Befall durch Insekten kann mit einer durch Fachbetriebe angebotenen Heißluftbehandlung (30 Minuten bei etwa 60° Celsius) bekämpft werden.
Haben sich bei der Überprüfung der Dachdeckung undichte oder schadhafte Stellen ergeben, sollten diese repariert werden. Im mediterranen Bereich ist die sogenannte römische Deckung der mit Abstand am weitesten verbreitete Typ des Tondachziegels. Da es traditionell immer üblich war, intakte alte Dachziegel wiederzuverwenden und, sollten sie nicht ausreichen, mit neuen Exemplaren zu mischen, braucht man sich davor nicht zu scheuen. Dies ergibt ein sehr lebendiges Bild, das Dach sieht dann nicht mehr zu neu aus. Unter Umständen kann es sinnvoll sein, als Schutz gegen Wind und Regen eine diffusionsoffene Folie als Unterspannbahn einzuziehen. Die engliegenden Sparren wurden traditionell meist mit Backsteinen und Gipsmörtel vermauert. Das sollte in der gleichen Weise wiederhergestellt werden. Dies gilt auch für Deckenaufbauten.
Meist ist der Wohnraum im erworbenen mediterranen Haus vollständig ausreichend. Sollte das einmal nicht der Fall und die Einbeziehung der Speicherräume notwendig sein, ist die Einbringung zusätzlicher Dämmschichten, Spezialfolien

**Alte, noch intakte Dachziegel können abgedeckt und später wiederverwendet werden.**

als Dampfbremsen und Holzverschalungen oder Ausbauplatten (zum Beispiel Gipskartonplatten) erforderlich. Bei einer Auf-Sparren-Dämmung, die aber die vollständige Entfernung der Dachdeckung erfordert, können die Dachsparren sichtbar gehalten werden. Falls unbedingt für eine zusätzliche Belichtung gesorgt werden muß, sollte dies – je nach Haustyp, Dachneigung und Nutzungsanforderungen – durch betont zurückhaltend gestaltete Dachflächenfenster oder Gauben geschehen.

Die bestehenden Grundrisse und Fassadenöffnungen sollten soweit als möglich erhalten und nur dort angepaßt werden, wo es die neuen Wohnanforderungen und die neue Raumaufteilung unbedingt erfordern. Insbesondere die Fassadengliederung kann durch unsachgemäße Eingriffe empfindlich gestört werden. Auch die Einteilung und Konstruktion von Holzfenstern und -türen sollte sich an den regionaltypischen Traditionen orientieren. Neu eingebrachten Öffnungen und Fenstern darf man ihre Entstehungszeit durchaus ansehen, jedoch sollten sie nicht beliebig angeordnet wirken. Beschläge und Griffe können teils wiederverwendet, teils dem alten Vorbild nachgebildet werden. Fenster und Fensterläden sollte man mit den traditionell verwendeten, regionaltypischen Farbtönen streichen. In der Provence paßt etwa das berühmte Graublau oder auch ein abgetöntes Weiß, in der Toskana vielleicht eher ein dunkles Grün.

Fast immer muß die Haustechnik bei älteren Häusern vollständig erneuert und den heute geltenden Anforderungen und Sicherheitsstandards angeglichen werden. Man sollte niemals auf eine Zentralheizung verzichten, da auch der größte Teil Spaniens, Italiens und Südfrankreichs kalte Winter kennt, die das längere Verweilen ohne Heizung zur Tortur machen können. Außerdem trägt die Heizung zur Vermeidung von feuchtigkeitsbedingten Bauschäden bei und hilft in diesem Sinne eher, Kosten zu sparen. Die beim Erwerb oft vorhandenen offenen Kamine vermitteln eine schöne Stimmung, speichern aber kaum die Wärme. Stattdessen können alternativ auch Cheminée-Öfen eingebaut werden, die ihre Mehrkosten durch die erbrachte Heizleistung bald wieder wettmachen. Zumindest in der Übergangszeit kann im mediterranen Bereich oft die Zentralheizung ausgeschaltet bleiben. Bäder und Sanitäreinrichtungen müssen sehr oft ganz neu geschaffen werden.

Die Innenarchitektur kann sich bei Altbauten zunächst am vorhandenen Bestand orientieren, soweit dieser noch intakt ist. Müssen etwa Treppen oder andere Einbauten erneuert werden, bestehen reizvolle kreative Spielräume für sensible Neuplanungen im alten Bestand. Die in diesem

**4 cm dicke Platten und Pflanzgefäße aus hochwertiger Terrakotta warten auf die Auslieferung (Mario Mariani).**

Buch vorgestellten Beispiele geben hierfür zahlreiche wertvolle Anregungen. Bodenbeläge müssen dort, wo vorher landwirtschaftliche Nutzung vorlag (meist im Erdgeschoß), einschließlich der Sperrschichten und des Unterbaus neu eingebracht werden. Ansonsten findet man häufig Terrakotta- oder Natursteinplatten vor, die entweder belassen oder nach dem Einbau der neuen Bodenunterbauten (eventuell mit Leitungen für Haustechnik, Fußbodenheizung) wieder verlegt werden können.

Sowohl für den Innen- als auch für den Außenbereich empfiehlt sich die Verwendung von altem Baumaterial, das teils im oder am Haus vorhanden ist, teils von Abbruchhäusern in der Umgebung beschafft werden kann. Alternativ kommen darauf spezialisierte Baustoffunternehmen als Anlaufstelle in Frage. Allerdings müssen hier – insbesondere in den besonders beliebten Regionen – oft recht hohe Preise bezahlt werden. Daneben sei empfohlen, dem Beispiel vieler Hauseigentümer aus diesem Buch zu folgen und sich auf die oft langwierige, aber lohnende Suche nach der mediterranen Handwerkskunst zu machen. Viele Regionen des Mittelmeerraums genießen auch besonderes Renommee für die Herstellung bestimmter Erzeugnisse und pflegen diese alten Traditionen nach wie vor. So ist etwa das toskanische Impruneta berühmt für seine herrlichen Terrakotta-Erzeugnisse, die Provence mit der Gegend um Salernes gilt auch heute noch als Hochburg der Tonplatten- und Kachelproduktion. Auch Andalusien erfreut sich eines hervorragenden Rufs für seine faszinierend gestalteten Fliesen, die Azulejos.

Freilich gilt es auch in diesen Regionen, die beste Ware von solcher zu unterscheiden, die eher im Hinblick auf den Massenmarkt und weniger auf bestmögliche Qualität und Haltbarkeit produziert wird.

» **Die Innenarchitektur kann sich bei Altbauten am Bestand orientieren** «

**Auch der Mut, die Räume wirken zu lassen, und die sparsame Plazierung einfacher, Möbel sind für die gekonnte mediterrane Einrichtungsgestaltung wichtig (Son Gener).**

Ein altes Haus im Mittelmeerraum bietet ungeahnte Möglichkeiten für die kreative Gestaltung der Innenräume. Die Erstellung des Einrichtungskonzepts wird in gewisser Weise aber dadurch erschwert, daß man es mit einem besonderen Haus voller Geschichte und Atmosphäre zu tun hat, der man in irgendeiner Weise gerecht werden sollte. Natürlich kann man, wenn es sich um einen Zweitwohnsitz handelt, erst einmal zu Hause ausrangierte Möbel verwenden, jedoch wird man nach gewisser Zeit große Lust verspüren, eine dem Niveau des Gebäudes entsprechende Ausstattung anzuschaffen. Im allgemeinen sammeln sich nach kurzer Zeit und mehreren Besuchen auf Flohmärkten und bei Antiquaren so viele Schätze an, daß diese aus schierer Platznot aufgestellt werden müssen. Folglich haben andere ihren Platz zu räumen. Nach und nach verschwindet so der Altbestand, übrig bleiben die charmanten und wichtigen Erinnerungsstücke, für die sich immer eine Ecke finden sollte. Kein Platz sollte hingegen sein für die bekannten, dunkel gebeizten, pseudo-rustikalen Stilmöbelimitationen, wie sie aus Ferienhäusern der billigeren Kategorie bekannt sind. Ferner sollte man auch davon absehen, dem Auge durch weiße Plastikgartenmöbel Schmerzen zuzufügen. Grundsätzlich aber verlangt das mediterrane Haus nicht nach einer Einrichtungsgestaltung aus einem Guß, sondern geht, wie es seiner lockeren Lebenseinstellung entspricht, mit einer (gekonnten!) Mixtur verschiedenster Stile sehr tolerant um. Dies gilt auch für die Kombination alter und moderner Einrichtungselemente, seien dies nun Leuchten, Mobiliar oder Wohntextilien. Besondere Atmosphäre

Stimmungsvoller geht es kaum: Die Amerikanerin Nancy Jenkins hat das Eßzimmer ihrer ehemaligen toskanischen Mühle sehr gekonnt eingerichtet, ihm dabei aber seine Patina belassen (Die Versteckte Toskana, Bettina Röhrig).

# Mediterrane Einrichtungsgestaltung mit Sinn und Stil

> »Mediterranes Leben aktuell interpretiert«

Oben: **Alte Fliesen und Kacheln lassen sich hervorragend in den Innenausbau eines renovierten Hauses einbeziehen. Die großen, grün gemusterten Fliesen aus dem 17. Jahrhundert stammen von Weinbottichen, die blauen Kacheln aus dem 18. Jahrhundert wurden für Küchen und Öfen verwendet (Mas de Flore).**
Unten: **Toskanisches Stillleben: Der Apple Pie auf dem Tisch hat die Gäste offenbar ebenso angesprochen wie das natürliche Ambiente von Nancy Jenkins' Küche.**

entsteht durch gute Kunst: Gemälde, Zeichnungen, Skulpturen, je nach Geschmack. Künstler, Fotografen und Galeristen haben hier, wie in diesem Buch zu sehen, natürlich die meisten Möglichkeiten, da sie aus ihrem großen eigenen Fundus schöpfen können.
Für viele Gegenden des Mittelmeerraums gleichermaßen typisch sind die gemauerten und meist weiß gekalkten Einbauschränke. Auch ganze Küchenzeilen werden in Stein ausgeführt. Die Türen von Holzschränken werden besonders im spanischen Bereich gerne mit fein vergitterten Öffnungen versehen, die den Möbeln eine gewisse Leichtigkeit verleihen. Dazu paßt am besten leichtes Mobiliar wie Bistro-Stühle statt schwerer Sessel. Allgemein gilt, daß gerade das mediterrane Haus am perfektesten wirkt, wenn die Einrichtung sich harmonisch und ohne Aufdringlichkeit zu den Natur- oder Backsteinmauern, den alten Deckenbalken und dem Ton- oder Steinbelag fügt. Dabei sollte der Charakter des Hauses die Art der Einrichtung bestimmen – und nicht umgekehrt. Eine herrschaftliche Villa oder Finca verträgt natürlich aufgrund ihrer meist wertvollen Grundausstattung und ihrer Ausmaße deutlich massiveres Mobiliar als ein einfaches Bauernhaus, das eine größere Bescheidenheit und Zurückhaltung bei der Einrichtungsplanung erfordert.
Die in diesem Buch beschriebenen Traumhäuser halten zahlreiche Anregungen für gelungene und ideenreiche mediterrane Einrichtungsgestaltung bereit. Die jeweils genannten Bezugsadressen machen es zudem möglich, ohne langwierige Recherche an die persönlichen „Objekte der Begierde" zu gelangen.

Oben: **Landhaus-Dekoration** *à la Provençale*, arrangiert mit alten Möbeln und Textilien (Mas de Flore).
Unten: **Gianni Rossi bei Restaurierungsarbeiten.** Sein sehr empfehlenswertes Antiquitätengeschäft befindet sich im Herzen von Arezzo, schräg gegenüber des *Palazzo delle Logge*.

Oben: **Freiraum mit Stil: Die terrakottabelegte Treppe, die im alten Stil restaurierte Holzbalkendecke mit Backsteinen und die antike Truhe erzeugen selbst im Treppenhaus eine stimmungsvolle Atmosphäre.**
Unten: **Himmlisch ruhen auf Mallorca: Junior Suite in der ehemaligen Mühle** *Son Gener.*

**Renata Lühmann ließ den Räumen ihres früheren Bauernhauses Platz zum Atmen. Mobiliar und Accessoires sind gekonnt ausgewählt und arrangiert.**

**Die Gärten der Arabischen Bäder in Palma de Mallorca**

# Die Anlage eines Mittelmeergartens

Das Mittelmeer umspült bekanntlich sehr viele Küsten. Selbst die drei romanischen Länder Spanien, Italien und (Süd-)Frankreich sind so groß und durchlebten – bei allen Gemeinsamkeiten der mediterranen Kultur – so viele unterschiedliche Epochen und Entwicklungen, daß sich natürlich auch ihre Gartenkunst nicht als völlig einheitliches Ganzes darstellen läßt. Die lange Zeit von den Mauren beherrschte Iberische Halbinsel wurde stärker als andere Regionen von der arabischen Kunst der Gartenanlage geprägt. Die typischen Kennzeichen sind die Gestaltung mit dem kühlenden Element Wasser (Becken, Brunnen, Fontänen, Wasserläufe), die bewußte Schaffung abgegrenzter Räume und Innenhöfe als Plätze der Einkehr, die Bedeutung der Pflanzenornamente und der gekonnte Umgang mit Licht und Schatten. Viele arabisch beeinflußte Gartenanlagen in Spanien und Portugal wurden zwar seit dem Ende der maurischen Herrschaft verändert, jedoch können die charakteristischen Stilelemente noch vielerorts aufgefunden werden. Am bekanntesten sind die Gärten der Alhambra und des Generalife bei Granada, aber auch weniger bekannte Anlagen wie die Gärten von Alfabia auf Mallorca weisen deutliche arabische Spuren auf. Für andere Regionen waren andere Einflüsse maßgeblicher. So kam etwa mit der Villenbaukunst der Renaissance – vor allem in der nördlichen Toskana und in Latium – auch die Gartenkunst zu einer enormen Blüte. Durchgehende Elemente waren hier unter anderem die Schaffung von Blickachsen, die Gliederung von Gartenräumen mittels Hecken und Ornamenten, die Anlage von Grotten, raffinierte Wasserspiele

Vorige Seite: **Der Efeubewuchs verbindet das Haus und den Garten, der seinerseits fast unmerklich in die Weinberge und Hügel bei Vaison-la-Romaine übergeht.**
Oben: **Robinien flankieren die Auffahrt zum Anwesen Le Mourre der Familie Canac (bei Oppède-le-Vieux). Der aufgekieste Hof ist von mediterranen Stauden und Sträuchern umrahmt. Die Kletterrose am Eingang setzt einen kräftigen Kontrapunkt zum Graublau der Fensterläden (Kontakt: Voyages-Sud-Soleil).**

(hier eher zur Verblüffung und zum Amüsement) und phantasievoll geformte Wasserbecken. Das wohl berühmteste Beispiel für ein Gartenbecken, das übrigens gleichzeitig im Zentrum sich kreuzender Wege liegt, ist das in den Boboli-Gärten mit der Isolotto-Garteninsel (Florenz, beim Palazzo Pitti). Eine weitere Tradition bringen die Gärten der mediterranen Bauernhäuser ein, die gerade heute wieder vielen im mediterranen Bereich tätigen Gartenplanern als Vorbild dienen. Die meisten einfachen Bauernhäuser wiesen keinen großen, sorgsam bis ins Detail durchgestalteten Garten auf, sondern waren – abgesehen von einem kleinen Blumen- und Nutzgarten – in erster Linie durch ihre natürliche Einbindung in die umgebende Kulturlandschaft geprägt. Entsprechend werden etwa traditionell angebaute, teils wild vorkommende Gewächse wie Lavendel, Rosmarin und Schwertlilien in flächiger Pflanzung, als Inseln oder wegebegleitende Hecken eingesetzt. Eine wichtige Rolle spielen auch Blumenwiesen, die perfekt mit mediterranen Bäumen wie Oliven oder Mandeln zusammenwirken. Aus all diesen genannten Elementen konstituiert sich allmählich das Bild des typischen mediterranen Gartens.

Ein ganz entscheidender Bestandteil des Mittelmeergartens sind nicht zuletzt die richtigen Pflanzen. Im wesentlichen sollte man bei der Anlage des mediterranen Gartens Gewächse auswählen, die dort seit langem heimisch sind und folglich an die Standortbedingungen – vor allem Trockenheit sowie oft stark kalkhaltige, durchlässige Böden – angepaßt sind.

Zu den wichtigsten Gehölzen zählen hierbei (mit zu beachtenden regionalen Schwerpunktvorkommen) Zypresse, Pinie und andere Kiefernarten, Platane, Palme, Magnolie, Olivenbaum, Mandelbaum, Granatapfel, Feige, Agave, Lorbeerstrauch, Weinrebe, Orangen- und Zitronenbaum, Oleander, Hibiskus, Bleiwurz, Schmucklilie, Strauchmargerite und Lagerstroemie. Gewürz- oder Blütenpflanzen, die im Mittelmeergarten immer ein gutes Bild machen, sind Thymian, Salbei, Lavendel, Rosmarin, Heiligenkraut, Schwertlilie, Spornblume und Palmlilie.

Pflanzgefäße aus Ton werden in mannigfachen Größen, Gestaltungs- und Farbvarianten, glasiert oder unglasiert angeboten. Ebenso der Atmosphäre des mediterranen Hauses angemessen sind stilvolle Behältnisse aus Holz, Stein oder Metall. Terrakottafarbene Kunststofftöpfe hingegen deuten eher auf einen Hang zur Sparsamkeit hin.

Als Bodenbeläge für Sitzplätze, Hof-

Schattenspiele unter provençalischer Sonne: Die Natursteinfassade bildet mit dem mediterranen Staudenbeet, der an der Wand entlangkletternden Wisterie und dem Kühle spendenden Wasserbecken eine überzeugende Einheit.

flächen oder Wege kommen frostharte Ton- oder Natursteinplatten, oft aber auch Feldsteine zur Verwendung. Holzplanken, die etwa blau oder weiß gestrichen werden können, sind insbesondere in küstennahen Lagen eine passende Alternative für Terrassen und Balkone. Empfehlenswerte Bezugsadressen für Gefäße und Beläge finden sich im Adreßverzeichnis des Anhangs.

Wichtige und aus mediterranen Gärten nicht wegzudenkende Elemente sind – in der Regel unverputzte – Mauern, die Gartenräume optisch unterteilen, Hänge abstützen oder Terrassen befestigen können. Während in einigen Regionen des Mittelmeers wie auf Mallorca und den Kykladen wahre Meisterschaft im Bau von mörtellos verbundenen Natursteinmauern erreicht worden ist, dominiert andernorts der Backstein. Höhere Backsteinmauern müssen vermörtelt werden, um die notwendige Standsicherheit zu gewährleisten.

»Faszinierende Licht- und Schattenspiele machen den mediterranen Garten erst zum vollkommenen Erlebnis.«

Die Gesamtanlage des Anwesens, von Süden betrachtet. Vorne die noch zu renovierenden Bauteile mit dem südwestlichen Querbau (links). Hinten das fertig renovierte Hauptgebäude.

## Ein Landhaus im Chianti
# Höchste Kunst und größte Einfachheit

Südlich von Florenz erstreckt sich der Chianti, dessen Landschaft mit ihren sanft geschwungenen, zypressengekrönten Hügeln traditionell als das Herz der Toskana gilt. Hier, etwa 25 Kilometer entfernt von der Stadt, befindet sich das Haus des renommierten französischen Regisseurs, Bühnenschauspielers und Kunstmalers Yves Lebreton. Über Feldwege erreicht man das hinter einer Anhöhe versteckte, in eine unberührte Naturlandschaft eingebettete Anwesen, von dem aus sich ein weiter Ausblick über die Val di Pesa bietet. Schon beim ersten Anblick versteht der Besucher, warum sich Yves Lebreton vor nunmehr 16 Jahren für dieses alte Bauernhaus entschieden hat. Mit den Wohnräumen dem Tal zugewandt, umrahmt das Hauptgebäude zusammen mit dem südwestlichen Querbau einen kleinen, von einer Platane beschatteten Hof, der an der Stelle eines baufälligen Nebengebäudes entstand. Eine niedrige Natursteinummauerung faßt den Hof und läßt doch den wunderbaren Ausblick unverstellt. Die bereits geplante Renovierung des Querbaus, der wohl einmal als Wohnung für Knechte diente, und des Taubenturms (*colombaia*) auf dem Haupttrakt verbleibt noch als Aufgabe für die Zukunft. Die in die Blütenwiese eingebetteten Ruinen eines ehemaligen Stalls, die sich südlich des Hauptgebäudes befinden, sollen ebenfalls noch aus ihrem verfallenen Zustand befreit werden.

An die fast einjährige Haussuche, während der Yves Lebreton eine Vielzahl alter Landhäuser im weiteren Umfeld von Florenz besichtigte, schloß sich bis 1993 eine insgesamt 10 Jahre dauernde Renovierungsphase an. Diese relativ lange Zeitspanne hatte zwar ursprünglich auch finanzielle Gründe, erwies sich dann aber insofern als vorteilhaft, als im Laufe der Jahre Planungen noch einmal überdacht und durch die während der Renovierung gemachten Erfahrungen verbessert werden konnten. Auch die bei den Besichtigungen anderer Landhäuser gewonnenen Eindrücke und Anregungen flossen in die Umgestaltung des Anwesens ein. Alle konzeptionellen Überlegungen und alle Planzeichnungen stammen von Yves Lebreton selbst.

Stets folgte die Planung dem Leitgedanken, die Würde und die Einfachheit des alten Bauernhauses – und damit des früheren bäuerlichen Lebens – zu respektieren und zu bewahren. Veränderungen gegenüber dem vorgefundenen Zustand erfolgten dort, wo in jüngerer Zeit unpassende Ergänzungen vorgenommen worden waren und (wie im Eingangsbereich) die Raumwirkung verbessert werden mußte. Beim Betreten des Hauses verharrt man zunächst einmal staunend, da die Gestaltung des großenteils offenen Erdgeschosses mit den zum Teil wieder neu geschaffenen Rundbogendurchgängen eine unbeschreibliche Faszination ausübt. Dies hat seinen Grund nicht zuletzt im gekonnten Einsatz des natürlichen Lichts,

**Verwandlung eines Bauernhauses: Das Anwesen von Yves Lebreton vor und nach der Renovierung (Ansicht von Osten).**

Ein Landhaus im Chianti

Blick vom Podest der Eingangstreppe auf Wohnraum und Eßzimmer, die durch einen breiten Durchgang verbunden sind. Ganz hinten schließt sich die Küche an.

Während der Bauarbeiten: Der Rundbogendurchgang entsteht.

der bei der Planung eine noch wichtigere Rolle spielte als die Einrichtungsgestaltung. Die Sonnenstrahlen im Haus erzeugen eine nahezu magische Stimmung und lassen die zurückhaltend ausgestatteten Innenräume besonders gut zur Geltung kommen. Zurückhaltung bedeutet hier keinesfalls Zufälligkeit, sondern im Gegenteil eine sehr genau durchdachte Planung, die sich bewußt auf das Wesentliche beschränkt. Für Yves Lebreton führt der Weg hin zu einer immer bescheideneren Einrichtung mit immer weniger Elementen, die dem Geist und der Seele im wahrsten Sinn Freiraum bietet. In letzter Konsequenz sieht er selbst sogar seine eigenen Gemälde als verzichtbar an – eine

Das Bad des Hausherrn im Obergeschoß (Südostseite). Welches Glück, diesen wunderbaren Waschplatz jeden Tag benutzen zu dürfen.

Folgerung, der sich der Autor wegen der Schönheit der Kunstwerke allerdings nur ungern anschließen möchte! Die fast klösterliche Bescheidung wird insbesondere in den Räumen des Obergeschosses deutlich, wo tatsächlich nur das notwendigste Mobiliar – Betten, Nachttische, Lampen – zu finden ist, das dafür aber mit größter Sorgfalt ausgewählt wurde und ausschließlich beste Stücke umfaßt. Nahezu alle wichtigen Bauarbeiten wurden von einem einzigen Maurer durchgeführt, Yves Lebreton selbst leistete Hilfsdienste und war so oft als möglich auf der Baustelle präsent. Die verwendeten Baumaterialien und Einrichtungsteile wurden, wo immer dies möglich war, aus Abbruchhäusern gerettet. Den offenen Kamin im Wohnzimmer, Teile der Treppengeländer und anderes mehr fand der Bauherr in der näheren Umgebung, für die passenden Terrakotta-Platten führte ihn die Suche allerdings bis ins nahe Rom gelegene Orvieto. Der Dachbereich konnte, etwa im Bereich des Eßzimmers, teils belassen werden, teils war eine Erneuerung mit alten Dachziegeln unumgänglich. Als Unterzüge im Eingangssalon dienen nun alte Eisenbahnschwellen aus Eichenholz, die eine enorme Stabilität besitzen. Alte und neue Decken bestehen teils aus alten, teils aus neuen Backsteinen, mit denen die Balkenzwischenräume nach traditioneller Bauweise belegt und mit Gipsmörtel ver-

Ein Landhaus im Chianti

Links: **Der Bogendurchgang unter dem Querfirstbau (Blick von Nordwesten zum Innenhof).**
Oben: **Idyllischer Sitzplatz im lichten Schatten der Platane. Links der Bogendurchgang mit dem Zugang zur Küche, rechts der südwestliche Eingang zum Wohnhaus.**

fugt wurden. Das Streben nach Einheitlichkeit zeigt sich darin, daß der regionaltypische, silbergraue Pietra-Serena-Stein sowohl für die Fensterlaibungen wie auch für die Treppenstufen Verwendung fand. Die nach dem alten Beispiel neu gefertigten Sprossenfenster sind aus Zypressenholz: eine interessante Entsprechung zu den mächtigen Zypressen, die das alte Bauernhaus als Hausbäume beschirmen. Um den perfekten Rhythmus der Außenfassaden nicht zu stören, wurden die Fensterläden einfach an den Innenseiten angebracht.

Alle Beschläge und Griffe wurden nach dem Vorbild der noch vorhandenen alten Exemplare handgeschmiedet. Die Fassaden, die man vor Beginn der Renovierung mit Putzresten vorgefunden hatte, sind nun völlig unverputzt, um die Schönheit der Backsteinmauern bestmöglich zur Geltung bringen zu können. Lediglich auf der Nordseite des Haupthauses und am noch unrenovierten Querbau finden sich Reste von Putz.

In den Sommermonaten veranstaltet der Hausherr auf seinem Anwesen, das er nach wie vor selbst bewohnt, höchst interessante und mittlerweile weithin bekannte Theaterkurse für Schauspieler und Laien, in denen er das Schauspielen nach seinem ganzheitlichen Konzept lehrt. Im Mittelpunkt von Yves Lebretons Schauspieltheorie steht der menschliche Körper und dessen Ausdruckskraft. Der Schauspieler wird hier nicht als Interpret, sondern im wahrsten Sinn als Verkörperung der dahinterstehenden Ideen verstanden.

Das wahrhaft außergewöhnliche Haus mit der zugehörigen Dépendance kann auch für stilvolle Ferien- oder Seminaraufenthalte gemietet werden. Es finden bis zu 10 beziehungsweise 15 Personen Unterkunft. Auch ein Koch ist auf Wunsch verfügbar. Seit 1999 steht zusätzlich ein Schwimmbad zur Verfügung.

Oben: **Der offene Kamin im Wohnzimmer wurde nach dem Vorbild anderer, in der Gegend von Florenz gelegener alter Häuser gestaltet.**
Unten: **Sitzplatz mit Durchblick zur Küche. Die Nachmittagssonne schickt ihre Strahlen weit in das Hausinnere hinein. Links an der Wand ein Gemälde von Yves Lebreton.**

# Höchste Kunst und größte Einfachheit: Ein Landhaus im Chianti

**Erbauungszeit**
1700–1800

**Anzahl der Bewohner**
1 bis 2

**Anzahl der Gäste**
bis zu 15

**Wohnfläche**
310 m²

**Baukosten je m² Wohnfläche**
1 500 000 Lire

**Baukosten gesamt**
600 000 000 Lire

### Kontakt- und Buchungsadresse
Die Versteckte Toskana, Reiseentwürfe
von Bettina Röhrig
Loc. Luia 42, I-50050 Fiano,
Telefon und Telefax: (0039-571) 66 95 16
E-Mail: info@versteckteto skana.com
Homepage:
http://www.versteckteto skana.com

### Handwerksbetriebe
**Maurer**
Giovanni Mioili, Via Montelupo 11
I-50025 Montespertoli,
Telefon: (0039-571) 60 82 16

**Schreiner**
Giuliano Canocchi, Via Firenze 115,
I-50050 Fiano,
Telefon: (0039-571) 66 90 33

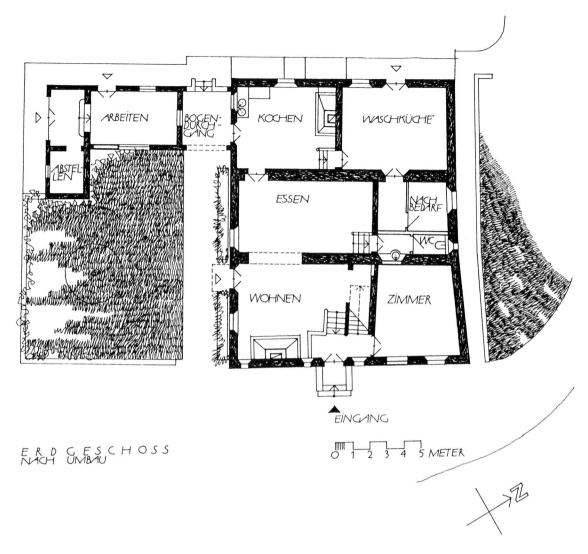

ERDGESCHOSS NACH UMBAU

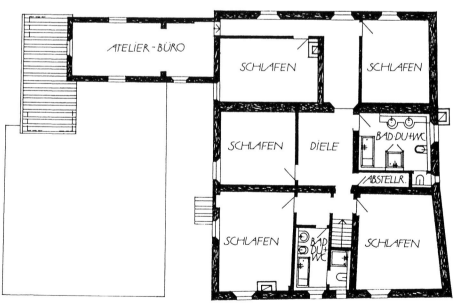

1. OBERGESCHOSS NACH UMBAU

Ein Landhaus im Chianti 41

Die Villa von Andreana Emo (Blick von Südosten). Die sich über die gesamte Südfassade erstreckende Loggia ist das gestalterische Prunkstück dieses riesigen Gebäudes. Die mehrere hundert Jahre alte Libanonzeder (links) stellt in Italien eine seltene Kostbarkeit dar.

Eine Renaissance-Villa in Florenz

# Restaurierung als Lebenswerk

Florenz wird oft als eine der schönsten Städte Italiens, vielleicht der Welt bezeichnet. Neben der Vielzahl von bedeutendsten Kirchenbauten, etwa des Brunelleschi, haben auch die Palazzi einen herausragenden Platz in der Kunstgeschichte, insbesondere der Renaissance. Die meisten Stadtpaläste entstanden als private Bauten, mit denen die angesehensten und einflußreichsten Florentiner Familien auch ihre gesellschaftliche Stellung nach außen deutlich machten. In der neueren Zeit, insbesondere aber im 20. Jahrhundert, änderten sich mit den politischen und sozialen Verhältnissen auch die Nutzungen der alten Palazzi und auch der ehemals ländlichen Villen. Die traditionellen Strukturen früherer Zeiten, als die Großfamilien zusammen mit ihren zahlreichen Bediensteten und Arbeitern in ihren Villen gleichsam kleine Gemeinwesen gebildet hatten, lösten sich auf.

Zur Sicherung des aufwendigen Unterhalts wurden die alten Gebäude neuen Nutzungen zugeführt, in manchen Fällen auch zu Hotels umgewandelt. Damit gingen allerdings meist auch bauliche Umgestaltungen einher, die starke Eingriffe in die Bausubstanz mit sich brachten. Das Flair der alten Häuser ging im Zuge dieser Modernisierungen leider oft verloren. Ganz im Gegensatz dazu steht das Beispiel von Andreana Emo, die ihre am Stadtrand gelegene Villa aus dem 15. Jahrhundert weder verkaufen noch durch Totalrenovierung ihrer Atmosphäre berauben wollte. Hat man das alte, hölzerne Eingangstor ihres Besitzes durchquert, findet man sich in einer ganz eigenen, paradiesisch anmutenden Welt wieder. Durch eine weite Parkanlage mit Wasserbecken

**Die Familie Emo in den 50er Jahren vor der Loggia ihrer Villa (Blick von der Terrasse der Limonaia).**

und beschnittenen Hecken und vorbei an einer uralten, riesigen Libanonzeder kommt man auf die prachtvolle Villa zu. Die ebenmäßig gegliederte südliche Hauptfassade besitzt drei Vollgeschosse mit fünf Fensterachsen. Über den hohen Fenstern des ersten Obergeschosses sind profilierte Konsolen angebracht. Bauliche Veränderungen gehen unter anderem auf den Marchese de Monte Follonico zurück, von dessen Wirken im 17. Jahrhundert noch heute eine Reihe erhaltener Statuen künden, und auf die Grafen von Elci im 18. Jahrhundert. Das eindrucksvollste Bauteil der wunderschönen Villa ist die das gesamte Erdgeschoß einnehmende Loggia. Streng nach dem traditionellen Formenkanon werden drei innere Bögen von zwei schmäleren äußeren Bögen flankiert. Loggien waren zum einen baulicher Ausdruck der Verbindung von Haus und Park, zum anderen stets auch ein Stilelement mit großer Repräsentationswirkung. In diesem Fall wurde die Loggia im Zuge einer großangelegten Umgestaltungsmaßnahme um 1900 geschaffen, als der Haupteingang auf die Südseite verlegt wurde. Die Loggia war Teil einer dreigeschossigen südseitigen Erweiterung, durch die die gesamte Südseite auf allen Stockwerken um einen Trakt erweitert wurde. Durch den Erwerb eines Grundstücks südlich der Loggia konnten die ehemals öffentliche Fahrstraße zum privaten Hauptanfahrtsweg der Villa umgewandelt und Teile der ausgedehnten Gartenanlagen neu geschaffen werden.
Um 1900 bildete die Villa einen Mittelpunkt des gesellschaftlichen Lebens, insbesondere für die damals sehr zahlreich in Florenz lebenden amerikanischen Staats-

**Das renovierte Bauernhaus westlich der Villa ist vom Gebäudetyp völlig anders geartet: Natursteinfassade statt Putz, zurückhaltende Fassadengestaltung ohne Schmuck und ländlich anmutende Holzsprossenfenster erinnern an die Zeiten, als hier Bauernfamilien lebten und arbeiteten.**

Oben: **Unter der Loggia: Zahlreiche Pflanzen in Terrakotta-Gefäßen und die Pflanzenornamente an der Decke bilden den Übergang zum Park.**
Rechte Seite: **Ausblick von der Loggia zum Garten. Die Anlage des Parks geht in diesem Bereich ebenso wie der südliche Erweiterungsbau mit der Loggia auf die Zeit um 1900 zurück.**

**Ein altes Wasserbecken inmitten des verwunschenen Parks.**
Ganz unten: **Das ehemalige Gewächshaus für die Zitronen, die Limonaia (links), mit dem westlichen Teil der Loggia.**

**Nachtruhe mit goldenem Schimmer: Ein Schlafzimmer auf der Nordseite der Villa.**

**Sitzplatz im Erdgeschoß des ehemaligen Bauernhauses. Die frühere Mieterin, eine amerikanische Modejournalistin, sammelte mit Leidenschaft alte Quilts.**

bürger. Die Isabel Archer aus Henry James' Roman „Portrait of a Lady", der in eben dieser mondänen Welt der Jahrhundertwende spielt, könnte auch ein recht genaues Porträt von Andreana Emos amerikanischer Großmutter Cora Parrish sein. In diesem „jamesianischen Kontext" treffen meist Vertreter der Neuen und Alten Welt aufeinander. Seit Generationen ist die Familie Emo durch ihre Internationalität gekennzeichnet. Andreanas über 80 Jahre alte Mutter, die mit ihr zusammen im Hause lebt, stammt aus den Vereinigten Staaten. Andreanas Vater, der hochbegabte Nuklear-Physiker Fürst Lorenzo Emo, war in der Zeit vor dem Zweiten Weltkrieg in die USA emigriert.

Die Familie Emo zählt zu den Gründern der Venezianischen Republik, ist verzeichnet im *„Libro d'Oro"* und spielte eine herausragende Rolle in der politischen Führung Venedigs. Ein Vorfahr Andreanas, Admiral Angelo Emo, befehligte die venezianische Flotte in der Schlacht von Lepanto. Im Besitz von Andreanas Bruder befindet sich die berühmte Villa Emo, die als einzige der von Andrea Palladio erbauten Villen immer noch der selben Familie wie zur Erbauungszeit gehört. Die Villa von Andreana Emo selbst diente aufgrund ihrer Attraktivität schon mehrfach als Kulisse für Filmaufnahmen, so etwa für Hollywoodfilme („Bobby Deerfield" und „Winds of War").

Die Villa ist mit ihrer riesigen Wohnfläche von 2000 Quadratmetern zu groß, um sie in kurzer Zeit vollständig zu renovieren. Andreanas Eltern begannen vor etwa 30 Jahren mit der Restaurierung des Bauwerks. Die Einnahmen werden stets sofort in die Instandhaltung reinvestiert.

Vor allem die Erneuerung der technischen Ausstattung (Heizung, Elektro, Sanitär) ist bei einem Gebäude dieser Größenordnung natürlich eine umfangreiche Aufgabe. Je nach Bedarf zieht Andreana für die Planungen Architekten und Bauingenieure hinzu, das Grundkonzept und die stilistischen Vorgaben stammen von der Hausherrin und ihrem Lebensgefährten Andy, der selbst Architekt ist. Ihr Hauptaugenmerk richtet Andreana auf die Restaurierung des ererbten Mobiliars und auf die Wiederherstellung und Dekoration der Innenräume. Der sensible Umgang mit dem bestehenden Inventar und die kreative Kombination mit sorgsam ausgewählten neuen Stücken ist eine wirkliche Herausforderung. Aber auch die Renovierung selbst bringt viele interessante Funde ans Tageslicht. Bei Sanierungsarbeiten an einem alten unterirdischen Luftkanal (*scannafosso*), der das Gebäude vor Feuchteschäden bewahren sollte, fand man im Jahr 1998 zwei Meter unter dem Boden ein Steinportal, das wohl von einem noch sehr viel älteren, nicht genau datierbaren Vorgängerbau stammt. Funde wie dieser sind bei der Renovierung der Villa durchaus an der Tagesordnung.

Im Park, der Villa südlich vorgelagert, befindet sich die ehemalige Limonaia, in der früher die Zitronenbäume ihr Winterquartier fanden. Die Limonaia wurde 1998 liebevoll umgestaltet und als sehr stimmungsvolle Ferienwohnung mit stilvoller Inneneinrichtung und zeitgemäßem Komfort eingerichtet. Die großen alten Fenster mit schmiedeeisernen Sprossen lassen viel Licht in die Räume dringen, was natürlich für die Überwinterung von Pflanzen notwendige Grundbedingung war.

**Blick durch die Treppenhalle ins Erdgeschoß.**

Dem am höchsten Punkt des Geländes postierten Hauptbau schließen sich weitere ehemalige Wirtschaftsgebäude an. Westlich davon beginnt teils bewirtschaftetes, teils naturbelassenes Land, das zum „Parco delle Colline" gehört. Hier ist die Schaffung eines zusammenhängenden Naturschutzgebietes für zahlreiche Tier- und Pflanzenarten geplant.

Das westlichste der alten Bauernhäuser wurde um 1970 grundlegend saniert. Seither fanden mehrfach Renovierungsarbeiten statt, die stets den historischen Charakter und die besondere Atmosphäre des Gebäudes bewahrten. Vor einigen Jahren wurden neue, milchig-weiß gestrichene Sprossenfenster aus Pinienholz eingebaut. Die Eingangsbögen wurden mit hölzernen Fenstertüren versehen, die die Räume im Erdgeschoß sehr gut und stimmungsvoll belichten.

Das Dachappartement der Villa (*attico*) mit Dachterrasse und weitem Ausblick kann ebenso wie die frühere Limonaia für Ferienaufenthalte gemietet werden. Im

Eine Renaissance-Villa in Florenz

# Restaurierung als Lebenswerk:
# Eine Renaissance-Villa in Florenz

*attico* finden bis zu sechs, in der Limonaia zwei Personen Unterkunft. Im renovierten Bauernhaus soll eine kleine Pension entstehen. Ferner sind Kunst- und Handwerkskurse, sowie weitere kulturelle Veranstaltungen geplant, die natürlich auch Gästen offenstehen. Voraussichtlich werden auch einige der übrigen Wohnungen der Villa an Urlauber vermietet. Ein Schwimmbad steht den Gästen ebenfalls zur Verfügung. Die Kontakt- und Buchungsadresse findet sich unten.

### Erbauungszeit
Villa um 1400 (mehrmals umgestaltet), Nebengebäude wohl 15. Jahrhundert und später

### Grundstücksgröße gesamt
circa 75 000 m$^2$

### Anzahl der Bewohner Villa (Familie)
4 und bis zu 11 Angestellte, sowie eine wechselnde Zahl von Mietern
bis zu 8 Gäste in der Limonaia und den Bauernhäusern

### Wohnfläche Villa
circa 2000 m$^2$

### Wohnfläche Limonaia
circa 45 m$^2$

### Wohnfläche ehemalige Bauernhäuser
circa 284 m$^2$

### Renovierungskosten je m$^2$ Wohnfläche (nach Abschluß grundlegender Sanierung)
circa 1 000 000 Lire

### Kontakt- und Buchungsadresse
Die Versteckte Toskana, Reiseentwürfe von Bettina Röhrig
Loc. Luia 42, I-50050 Fiano, Telefon und Telefax: (0039-571) 66 95 16
http://www.verstecktetoskana.com
E-Mail: info@versstecktetoskana.com

### Architekt
Emilio Sacchini, Via S. Egidio 16, I-Firenze, Telefon (0039-55) 247 96 76

### Bauingenieur
Vittorio Vannucci, Via Alfani 70, I-50121 Firenze,
Telefon (0039-55) 21 50 00

### Handwerksbetriebe
### Steinarbeiten
Alessandro Pizzolante, Via Maltoni 24 A, I-50023 Impruneta (FI),
Telefon (0039-55) 231 22 17

### Schlosser- und Schmiedearbeiten
Roberto Paini, Via Ghiberti 13, I-50122 Firenze, Telefon
(0039-55) 68 91 79

### Kunstglaser
Giampaolo und Andrea Grifoni, Via S. Egidio 6, I-Rosso-Firenze,
Telefon (0039-55) 248 05 70

### Installateur
Paolo Susini, Pza. Kennedy 15, I-50118 Scandicci (FI),
Telefon (0039-55) 74 14 95

### Elektriker
Mario Bruno, Via Corridoni 67, I-50134 Firenze,
Telefon (0039-55) 422 06 17

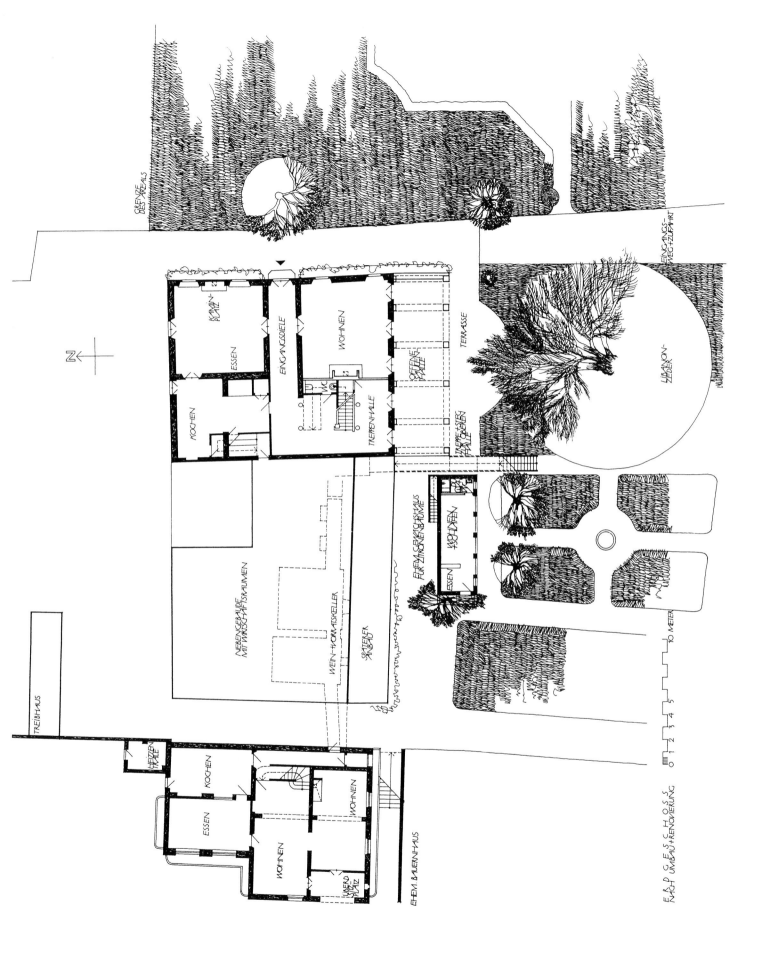

Eine Renaissance-Villa in Florenz

**Die Terrasse des Anwesens bietet eine atemberaubende Aussicht auf die bewaldeten Hügel der Apuanischen Alpen.**
Rechte Seite: **Die restaurierte Nordfassade zeigt deutlich die Spuren der klassizistischen Umgestaltung durch Lorenzo Nottolini.**

### Ein Dorfhaus in den Alpi Apuani
# Die Würde des Alten und die Kreativität des Neuen

Die Apuanischen Alpen sind, obgleich unweit der Cinque Terre und der Versilia sowie nur etwa eine halbe Autostunde nördlich Lucca gelegen, noch eine Art verwunschenes Paradies. Hier, zwischen bewaldeten Hügelketten, schlängelt sich eines der zahlreichen schmalen Sträßlein empor bis zu einem kleinen Dorf, das von den negativen Erscheinungen der Industrialisierung und des Tourismus noch völlig unberührt ist. Das Auto zurücklassend, steigt man die sich weiter verengende, steil ansteigende Straße hinauf. Eine wunderschön anzusehende, unverputzte Natursteinfassade mit dunkelgrün gestrichenen Fenstern weist dem Ankommenden schon von ferne den Weg zum Haus der Familie Stassano. Die aus Südtirol stammende Christina und der aus Tortona im Piemont gebürtige Pietro haben sich hier mit harter Arbeit, einem sicheren Sinn für stimmige Fassadengestaltung und stilvolle Innenarchitektur einen bemerkenswerten Ruhesitz geschaffen.

Das in seinem mittleren Teil noch aus dem 13. Jahrhundert stammende Haus war ursprünglich als kleine Befestigung oder Burg entstanden, die den damals oft umkämpften Grenzverlauf zwischen den Herrschaftsgebieten Luccas und Modenas zu sichern hatte. Größere Veränderungen erfuhr das Anwesen, wie die auf einigen Steintafeln vermerkten Datierungen nahelegen, wohl in den Jahren zwischen 1563 und 1577. Damals wurde, wie in der Zeit der Renaissance des öfteren geschehen, auf der Südseite (beim Ausgang von der heutigen Küche zur Terrasse) eine Loggia mit Rundbogen geschaffen. Historisch interessant ist die Tatsache, daß sich der ehemalige oberste Verwalter der Regie-

Oben: **Während der Renovierung: Christina Stassano ruht sich ein wenig von den Abbrucharbeiten an der Terrasse aus.**
Mitte: **Schwere Holzbalken werden von den Handwerkern mühsam emporgehoben.**
Unten: **Südansicht des Hauses vor der Renovierung.**

rung von Lucca, Salvatore Bianchini, in der Napoleonischen Zeit dieses Haus als Altersdomizil wählte und dort ein Wörterbuch des luccesischen Dialekts („*Voci usate nel dialetto luccese*") verfaßte. Vermutlich, um mehr Wohnraum zu bekommen, ließ er um 1824 Fassade und Grundriß vom berühmten Lucceser Architekten Lorenzo Nottolini im klassizistischen Stil umgestalten. Die Loggia wurde im Zuge dieser Maßnahmen geschlossen und umgebaut. In der Folgezeit bis zum Erwerb durch die Familie Stassano blieb aber die grundsätzliche Nutzungsaufteilung erhalten. Das obere Geschoß, auf dem Niveau des heutigen Eingangs und der Terrasse, diente dem Wohnen, die untere Ebene nutzte man zur Schaf- und Pferdehaltung sowie zur Lagerung von Wein und anderen landwirtschaftlichen Erzeugnissen. Die baugestalterischen Ideen und Planungen stammen fast ausschließlich von Pietro und Christina Stassano selbst – angesichts der entstandenen überragenden Architekturqualität eine Leistung, die gar nicht hoch genug eingeschätzt werden kann! Einige sehr interessante Lösungen entwarf der Mailänder Architekt Antonio Cleva, so die Entwurfszeichnungen für die Eingangstreppe, den Herd mit Glastrennwand in der Küche und die wiederaufgebaute Mauer zwischen Wohn- und Schlafzimmer, die in den 1920er Jahren durch ein Erdbeben zerstört worden war. Ansonsten wurden die Entwürfe im Grunde nur noch von dem befreundeten Geometer zeichnerisch umgesetzt und in die Eingabeplanung übertragen. Dem gingen allerdings intensive Diskussionen über den Umgang mit der alten Bausubstanz voraus. Während der Geometer ein Ver-

Oben: **Das Obergeschoß des Westtrakts während der Bauarbeiten. Die alten Fenster sind bereits herausgenommen, um (soweit noch verwendbar) aufgearbeitet zu werden. Die hier noch sichtbaren Putzreste wurden später komplett entfernt.**
Unten: **Die Bogenkonstruktion der Terrasse wird erneuert.**

fechter der totalen Modernisierung war, wollten Pietro und Christina alles daran setzen, das Haus – und damit dessen Atmosphäre – möglichst weitgehend zu erhalten. Mit Hartnäckigkeit, Mut und Kreativität haben sie schließlich sowohl im Äußeren als auch im Inneren eine perfekte Synthese von Alt und Neu geschaffen.

Ursprünglich hatten Freunde aus Lucca, die in der Umgebung ein Ferienhaus besitzen, die Stassanos auf das alte Haus aufmerksam gemacht. Vorher waren mehr als zehn Häuser in der Umgebung von Lucca und Siena besichtigt worden.

Die Phase der praktischen Renovierung dauerte von 1992 bis 1995. Die Suche nach kompetenten, in ihrem Kenntnisstand auf die besonderen Anforderungen eines Altbaus vorbereiteten und entsprechend sensibilisierten Handwerker erwies sich als äußerst schwierig und zeitaufwendig. Nach fast eineinhalb Jahren fanden die Stassanos endlich geeignete Fachleute, die die notwendigen Voraussetzungen mitbrachten.

Das Haus wies einige schwere Schäden auf, die eine grundlegende Sanierung notwendig machten. Insbesondere war der Terrassenaufbau zusammengebrochen, da das früher stets aus dem Fenster geschüttete Wasser das Mauerwerk der Bogengänge durchfeuchtet hatte. Daher wurde die Terrassenkonstruktion großenteils erneuert, wobei allerdings die alte Baugestalt wiederhergestellt wurde. Da das Gebäude keine Grundmauern aufwies, mußte auch auf allen Seiten mit Betonfundamenten unterfangen werden. Das Dachgehölz war komplett zu erneuern, aber die Hölzer aus Edelkastanie wurden

Das Eßzimmer der Familie Stassano. Den weißen Herd aus den 50er Jahren brachte Christina aus Südtirol mit. Die Stühle entstanden nach einem Entwurf vom Architekten Antonio Cleva. Für den Eßtisch wurden im und am Haus vorhandene alte Pinienholzteile wiederverwendet.

nach den althergebrachten Techniken behauen und verarbeitet. Als Material für die Dachdeckung dienten Terrakotta-Platten, deren geringes Gewicht aufgrund der in diesem Gebiet vorhandenen Erdbebengefahr von Vorteil war. Ein Teil der Fenster konnte repariert werden, die meisten mußten allerdings neu gefertigt werden. Noch vorhandene Griffe und Beschläge ließ man überarbeiten, die neuen Exemplare in einer alten Hammerschmiede der Umgebung (bei Carlo Galgani in Pescaglia) nach den Vorlagen aus dem 16. Jahrhundert nachbilden. Die nördliche Eingangstüre und sechs Fensterläden sind alt und wurden lediglich restauriert und neu gestrichen.

Als Bodenbelag wählte man für Eingangssalon, Küche und Kellertreppe alte, ansonsten neue Terrakotta-Platten, wobei auch zuvor herausgenommene gute Stücke wiederverwendet wurden. Sämtliche Installationsleitungen verlaufen im Boden. So war es möglich, die Natursteinmauern unversehrt zu lassen, was sowohl aus denkmalpflegerischen und konstruktiven Gründen als auch wegen des geringeren finanziellen Aufwands von Vorteil war. Für die nötige Wärme sorgen eine Gas-Öl-Zentralheizung, Holzöfen im Eingangssalon und in der Küche sowie ein offener Kamin im Wohnzimmer.

Die höchst gelungene Innenarchitektur harmoniert auf das Beste mit der übrigen architektonischen Qualität des Hauses. Edle Materialien wie Marmor und moderne, aber einfache Formen ergänzen sich mit den Natursteinmauern, Schmiedeeisen,

Oben: **Durchblick zum Treppenhaus im Obergeschoß. Die Geländer wurden von Antonio Cleva entworfen und vom Schmied Brunini hergestellt.**

Mitte: **Die neue, mit Carrara-Marmor belegte Treppe paßt bestens in das alte Haus.**

Unten: **Das eiserne Bettgestell fanden die Stassanos schon beim Erwerb im Haus vor und ließen es von Restaurator Lenzi in Lucca herrichten. Die Böden sind aus Edelkastanienholz.**

Holz und Terrakotta zu einem stimmigen Ganzen.
Pietro und Christina Stassano haben in der Abgeschiedenheit eines Bergdorfs nicht nur ein geschichtsträchtiges Anwesen zum Leben erweckt, sondern an diesem faszinierenden Ort auch ihr tiefes Verständnis der regionalen Handwerkstraditionen in idealer Weise mit kreativen Architekturkonzepten verbunden. Man kann in diesem Haus spüren, daß seine Besitzer jede gestalterische Entscheidung lange durchdacht und mit größter Sensibilität geplant haben. Das Ergebnis ist nicht bloß ein restauriertes Gebäude, sondern ein Kunstwerk mit beeindruckender Wohnqualität.

Oben: **Blick über die Terrasse zur Südseite des Osttrakts.**
Unten: **Ansicht des Hauses von Osten.**

**Eingangssalon mit Naturstein-Noblesse:** Gleich rechts des Portals befindet sich ein gekachelter Franklin-Kaminofen von um 1800. Die 1970 in Turin erworbene venezianische Anrichte ist fast vierhundert Jahre alt. Gut zu sehen sind hier auch die innenliegenden, kassettierten Holzklappläden.

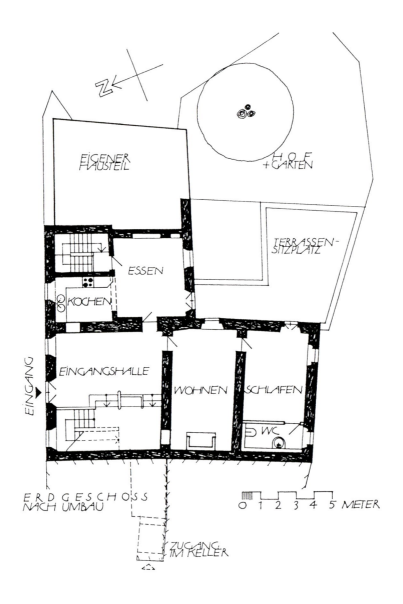

# Ein Dorfhaus in den Alpi Apuani
## Die Würde des Alten und die Kreativität des Neuen

**Erbauungszeit**
Im Kern 13. Jahrhundert
(mehrmals erweitert und umgestaltet)

**Dauer der Renovierung**
1992 bis 1995

**Grundstücksgröße**
450 m²

**Anzahl der Bewohner**
2

**Wohnfläche**
400 m²

**Baukosten je m² Wohnfläche**
1 250 000 Lire

**Baukosten gesamt**
500 000 000 Lire

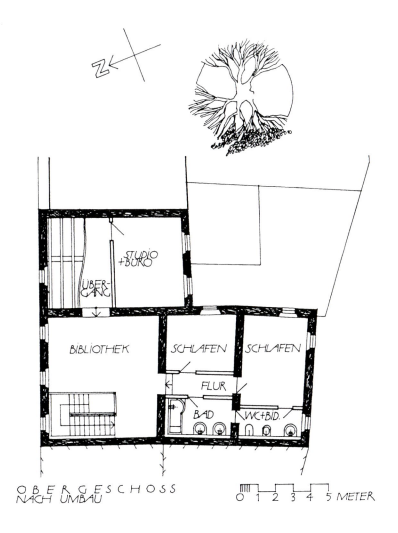

**Architekt**
Antonio Cleva, I-Mailand

**Handwerksbetriebe**
**Schmiede**
Firma Brunini, Borgo a Mozzano,
I-Lucca
**Baubetrieb**
Firma Alfonso Pennacchi, Pianacci,
I-Lucca
**Holzbaubetrieb**
Firma Santini, Fondagno, I-Lucca

# Ein Landhaus in der Maremma
# Domizil mit Weitblick

Geographisch etwa in der Mitte zwischen Rom und Florenz gelegen, bildet die Landschaft der Maremma die südliche Grenze der Toskana. Allerdings haben sich die meisten Maremmani eine sehr starke eigene Identität bewahrt. Als eines der bedeutendsten Zentren der ehemaligen etruskischen Hochkultur besitzt die Maremma zahlreiche erhaltene Geschichtszeugnisse und archäologische Stätten – so etwa bei Sovana –, die eine wachsende Zahl von entdeckungsfreudigen Besuchern anziehen. Gleichwohl stellt der Tourismus in dieser Gegend verglichen etwa mit der nördlichen Toskana eher eine Randerscheinung dar. Das hat bisher gewiß dazu beigetragen, den unverfälschten Charakter dieser Region zu erhalten.

# »›Il Belvedere‹, die ›Schöne Aussicht‹, seit Jahrhunderten die passende Bezeichnung für das Gebäude.«

Der Faszination dieses Landstrichs konnte sich auch die Familie Pellegrini nicht entziehen, die wann immer möglich ihr Haus in Rom zuschließt und sich auf ein extremes Kontrastprogramm in völlig unberührter Natur einläßt. Bereits der schmale, felsige Auffahrtsweg schlängelt sich einige Kilometer durch eine duftende Busch- und Wiesenlandschaft. Das in der Nähe von Scansano gelegene Landhaus trägt seit Jahrhunderten den Namen Il Belvedere (Schöne Aussicht). Auf der Hügelkuppe bei dem Haus stehend erkennt man, daß sich für das Gebäude keine passendere Bezeichnung finden ließe. Beim Blick aus dem Fenster eröffnet sich ein unvergleichlicher Ausblick über das Schloß der ehemaligen Feudalherren, der Familie Sergardi, auf die Hügel und Täler der Maremma.

Das Anwesen bestand schon im 17. Jahrhundert, in jedem Fall aber 1676, dem Jahr der urkundlichen Ersterwähnung. Es hatte im Rahmen des traditionellen Halbpacht-Systems, der sogenannten *mezzadria*, die Funktion eines Verwalter- oder Haupthauses. Dem Haupthaus waren in diesem für die mittelitalienische Agrarstruktur typischen System weitere Häuser von Pächtern und Tagelöhnern zugeordnet. Die in den 1950er Jahren begonnene Landreform führte zur Enteignung vieler Großgrundbesitzer. Auch das Belvedere ging aus den Händen der Familie Sergardi in das Eigentum von Bauern über. Offenbar aufgrund zu geringer Flächen, schlechter Bodenqualität und mangelnder Ressourcen wechselte das Haus in der Folgezeit mehrmals seine Eigentümer. Die landwirtschaftliche Nutzung wurde bereits vor 1980 aufgegeben. 1985 erwarb eine Familie aus Rom das Gebäude, um es schon

**Durchblick durch die Wohnhalle. Links vom hinteren Torbogen befindet sich der Haupteingang.**
Linke Seite: **Über das weinberankte Gerüst blickt man vom Obergeschoß des Hauses weit über die Landschaft der Maremma.**

Oben: **Il Belvedere zum Zeitpunkt des Erwerbs durch die Familie Pellegrini.**
Mitte: **Die alten Decken mit Holzbalken und Backsteinen konnten bewahrt werden.**
Unten: **Vor der Renovierung konnte man noch gut nachvollziehen, daß das Erdgeschoß früher als Kuhstall gedient hatte.**

1990 an Claudio und Fernanda Pellegrini weiterzuveräußern.

Die historische Nutzungsaufteilung des Gebäudes entsprach ganz der üblichen Zweiteilung: unten der Kuhstall, oben die Wohnräume. Über die heute nach wie vor existierende Außentreppe auf der Nordostseite gelangte man direkt in das Obergeschoß. Ein weiteres, räumlich abgetrenntes Nebengebäude auf der Nordseite diente als Schafstall (*pecorarccia*). Heute wird es teils als Vorhalle, teils als Heizungsraum genutzt.

Der bauliche Zustand des Hauses beim Erwerb war vergleichsweise gut, dennoch waren einige Veränderungen und vor allem Verbesserungen des Komforts unumgänglich. So waren zum Zeitpunkt des Erwerbs überhaupt keine Bäder, kein fließendes Wasser, kein Strom und natürlich auch kein Telefonanschluß vorhanden. Um die Renovierung (*la ristrutturazione*) optimal vorzubereiten, konsultierten die Pellegrinis zwei Architekten, die einige Anregungen einbrachten. Eine der skizzierten und später auch umgesetzten Lösungen bestand darin, das Wohnzimmer – den ehemaligen Kuhstall – großenteils als einen Raum zu belassen, aber durch niedrige Trennmäuerchen und unterschiedliche Niveauhöhen zu gliedern. Im übrigen ordnete man um diesen großen, das Erdgeschoß dominierenden Wohnraum noch die Küche, ein Bad, eine Toilette und ein Schlafzimmer an. Abgesehen davon stammen die meisten Planungsideen von Claudio und Fernanda Pellegrini selbst. Da das Anwesen bei Abwesenheit seiner Eigentümer auch als Ferienhaus vermietet wird, mußte das Raumprogramm entsprechend angepaßt werden. Im Obergeschoß sind

**Die Eingangsseite des Hauses mit Nebengebäude.**

»Die steinige Anfahrt
    zum Anwesen Pellegrini
wird reich belohnt.«

**Haupteingang unter einer wunderschönen, weinbewachsenen Pergola.**

Ein Landhaus in der Maremma

Stimmungsvolle Küche mit köstlichem Essen und prasselndem Kaminfeuer. Zusätzliches Wohlbefinden beschert der edle Weißwein aus der Region, ein *Murellino di Scansano*.

heute nicht weniger als fünf Schlafzimmer und vier Bäder untergebracht.

Zu Beginn der Renovierung war es zunächst vordringlich, das Dach zu erneuern und mit einer Dichtungsplane gegen Wind und Regen zu schützen. Die Dachkonstruktion ist das traditionelle Massivdach mit Holzbalken und -sparren sowie vergipsten Backsteinen (*capriate*). Die Holzbalkendecken im Erdgeschoß und der darüber liegende Bodenaufbau aus Backsteinen wurden belassen. Die vorhandenen, nach unten nicht isolierten Böden im Erdgeschoß wurden etwa 70 Zentimeter tief ausgehoben, um die Sperrfolien, den Bodenaufbau und die Terrakotta-Platten einbringen zu können. Eine positive Erkenntnis war, daß die Natursteinfundamente direkt auf Fels gebaut und völlig intakt waren. Die Innenmauern wurden mit einem Sand-Zement-Putz versehen. Zur Vermauerung von Natur- und Backsteinen setzte man einen ungewöhnlich erscheinenden, aber regional seit langem bewährten Mörtel aus Sand, Kalk und Kastanienpulver ein.

Die Fassadenöffnungen blieben teils bestehen, teils wurden – wie etwa bei den großen Rundbogenfenstern im Erdgeschoß – noch sichtbare zugemauerte Bereiche wieder geöffnet. Alle Fenster und Türen fertigte ein Schreiner in Cornia (nördliches Friaul). Die Außentüren sind aus dem Holz der Bergpinie, die Innentüren aus Fichtenholz.

Das Belvedere kann von Gruppen bis zu 14 Personen für Ferien- oder Seminaraufenthalte gebucht werden. Ab 1999

Am großen Rundbogenfenster ist ein bewußt einfach gehaltener Eßplatz entstanden. Tisch und Langbänke stammen aus dem Landgut der Familie bei Puglia (nahe Rom). Früher wurden dort Tabakblätter gerollt.

steht zusätzlich ein 6 x 10 Meter großer Swimmingpool zur Verfügung. Die Kontakt- und Buchungsadressen sind auf Seite 67 aufgeführt.

Das Anwesen der Familie Pellegrini verbindet den traditionellen Charakter des alten Bauernhauses mit neuen gestalterischen Ideen und einfallsreichen Lösungen hinsichtlich der Fassaden- und Raumgestaltung, verhehlt dabei jedoch nie seinen einfachen Grundcharakter. Hier ist nichts übertrieben oder übermodernisiert, vielmehr spiegelt sich die Natürlichkeit der Landschaft und der Bewohner des Hauses in der Gestaltung von Il Belvedere wider.

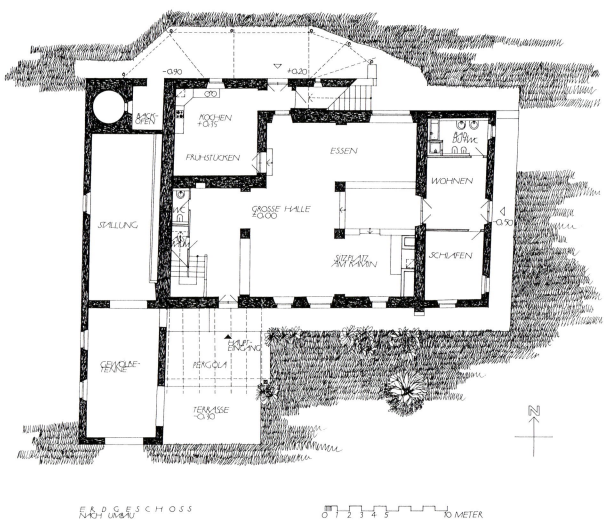

# Ein Landhaus in der Maremma
## Domizil mit Weitblick

**Erbauungszeit**
Vor 1676

**Dauer der Renovierung**
1990 bis 1992

**Grundstücksgröße**
14 000 m²

**Anzahl der Bewohner**
2

**Anzahl der Gäste**
bis zu 14

**Wohnfläche**
400 m²

**Baukosten je m² Wohnfläche**
500 000 Lire

**Baukosten gesamt**
20 000 000 Lire

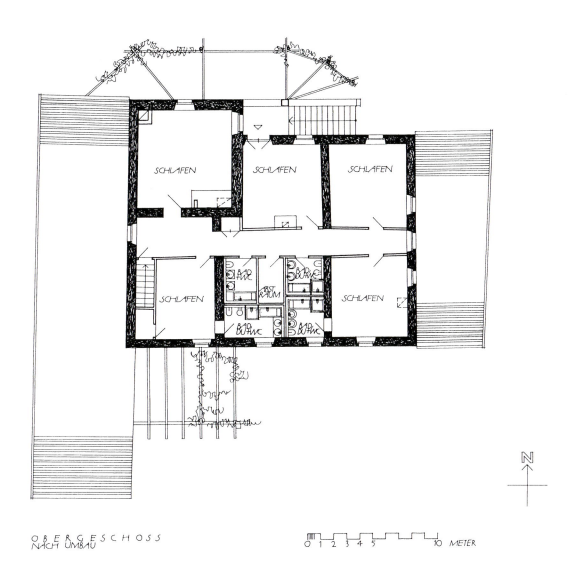

**Kontakt- und Buchungsadressen**
Voyages Sud-Soleil S. A.,
Hauptstr. 11, CH-4102 Binningen BL,
Telefon: (0041-61) 421 96 57,
Telefax: (0041-61) 421 96 54
oder:
Voyages Sud-Soleil (Deutschland) GmbH,
Güntertalstr. 17,
D-79102 Freiburg i. Br.,
Telefon: (0761) 708 70-0,
Telefax: (0761) 708 70-26,
E-Mail: Voyages-Sud-Soleil@t-online.de,
http://www.home.t-online.de/home/Voyages-Sud-Soleil

Ein Dorfhaus in den Marken
# Abseits ausgetretener Pfade

Die Suche nach dem unentdeckten oder kaum bekannten Italien ist bei weitem nicht mehr so einfach wie vor einigen Jahrzehnten. Dennoch lohnt es sich für Liebhaber des Landes immer noch, der eigenen Entdeckungslust nachzugehen. Eine der bisher wenig besuchten, landschaftlich aber äußerst reizvollen Regionen sind mit Sicherheit die Marken (*le Marche*), die sich zwischen den Regionen Toskana und Umbrien im Westen und der adriatischen Küste eine Art Nischendasein bewahrt haben. In den letzten Jahren hat das Interesse von Hauskäufern an den Marken zugenommen, aber ein Boom wie etwa in der Toskana ist hier bisher nicht in Sicht. Die Erdbeben des Jahres 1997 dürften mit dazu beigetragen haben, daß der Zuspruch sich – trotz der gegenüber anderen Regionen deutlich geringeren Immobilienpreise – noch in Grenzen hält. Die Familie Nitzsche verfiel schnell dem Zauber dieser rauhen, hügeligen Landschaft. Ein halb verfallenes, ehemaliges Bauernhaus im Dorf Barbanti di Pergola gefiel der Familie Nitzsche so gut, daß man sich spontan zum Kauf entschloß. Ein Hauptargument für den Erwerb war der atemberaubende Ausblick über die umliegenden Hügel und das Tal des Flusses Cesano. Da das Haus zuvor mehrere Jahre lang leergestanden hatte, lagen deutliche Bauschäden vor, die eine Komplettsanierung erforderlich machten. So waren Teile des Dachs und einige Decken völlig eingefallen. Der schlechte Zustand konnte letztlich akzeptiert werden, da der Kaufpreis adäquat war und mit Franz Ostermann ein erfahrener Planer zur Verfügung stand. So ging das Dorfhaus im Jahr 1995 aus der Hand der ortsansässigen Eigentümerin an seine neuen Besitzer über.
Als weitere unabdingbare Voraussetzung für die Planung hatte der Architekt ein Aufmaß zu erstellen, das alle vorgefundenen Maße und Raumverhältnisse erfaßte.

Oben: **Das Dorfhaus während der Renovierung.**
Links: **Die Renovierung hat sich gelohnt.**

Ein Dorfhaus in den Marken 69

Ein Geometer erstellte auf der Grundlage von Franz Ostermanns Planung die Unterlagen für den Bauantrag, der im Juli 1992 von der kommunalen Baubehörde in Pergola genehmigt wurde. Das Bauvorhaben wurde unter anderem auch auf Erdbebensicherheit geprüft.

Die Arbeiten vergab man zum größten Teil an einen italienischen Bauunternehmer. Dies war im Grunde unumgänglich, da die große Entfernung zwischen Bauherr, Architekt und Baustelle es unmöglich machte, die Abläufe zwischen vielen einzelnen Handwerkern selbst zu koordinieren. Hier ist auch darauf hinzuweisen, daß es in Italien im Grunde weniger spezialisierte Fachhandwerksbetriebe gibt, sondern viele Bauunternehmen unterschiedlichste Arbeiten erledigen. So übernahm die beauftragte Firma im vorliegenden Fall sowohl die Zimmermannsarbeiten am Dachstuhl als auch die Maurer-, Putz-, Fliesen- und Bodenlegearbeiten und den Einbau der vom Schreiner gefertigten Holzsprossenfenster. Die Heizungs-, Sanitär- und Elektroinstallation sowie die Malerarbeiten vergab der Bauherr an Fachhandwerker. Der Architekt sah, sooft es seine Zeit zuließ, vor Ort nach dem Rechten.

Zielsetzung der Planung war es, den Bestand möglichst weitgehend zu bewahren. Dementsprechend blieben die Außenmauern und die tragenden Wände erhalten, der Grundriß entspricht großenteils dem alten Zustand. Die notwendigen Unterfangungs- und Fundamentarbeiten wurden dadurch erschwert, daß das Außenmauerwerk aus Naturstein zweischalig ausgeführt und der Zwischenraum mit Lehm und Kleinsteinen verfüllt war. Bei der aus statischen Gründen unumgänglichen Teilunterfangung der Innenmauern und der Einbringung der Bodenplatte wurden auch die Außenmauern saniert. Zu diesem Zweck erneuerte man die von Mausgängen durchzogene Zwischenschicht, die nun nach oben und unten gegen „ungebetene Gäste" abgesperrt ist. Die Gesamt-Wandstärke außen beträgt nach wie vor im unteren Bereich etwa 60 Zentimeter und verjüngt sich bis zum Dach auf etwa 40-50 Zentimeter. Außen beließ man das Natursteinmauerwerk sichtbar, innen wurde durchgehend verputzt und mit weißer Mineralfarbe gestrichen. Da die alten Fenster und Türen teils zu schwer geschädigt, teils nicht mehr vorhanden waren, wurden sie ebenso wie die Fensterläden aus Fichte komplett neu geschreinert. Die rotbraune Lasur der Fenster harmoniert perfekt mit den dunkelgrünen Läden und der Natursteinfassade.

Die marode Dachkonstruktion war komplett zu erneuern, was aber in der alten Technik – also Holzdachstuhl (aus Eiche), vergipste Backsteine, Deckung mit alten Tonziegeln – geschah. Die in Italien weithin übliche Verwendung gebrauchter Dachziegel hat nicht zuletzt den Vorteil, daß das Dach eine natürlich aussehende farbliche Schattierung erhält.

Als Bodenbelag wurden auf allen Ebenen die gleichen Terrakotta-Platten italienischer Herstellung verwendet (Plattengröße 20 x 20 Zentimeter).

Der neu aufgezogene Heizungskamin besitzt einen Zug für die zentrale Gaskesseltherme, der zweite Zug ist für den im Wohnzimmer künftig noch einzubauenden Kachelofen bestimmt.

Oben: **Oberhalb der neu eingebrachten Dachdämmung wurden Bitumenbahnen und hierauf die Dachziegel verlegt.**
Unten: **Das fertig gedeckte Dach sieht dank der gekonnten Mischung alter und neuer Ziegel sehr natürlich aus.**

Linke Seite:
Oben: **Gleich zu Beginn der Renovierungsarbeiten wurde die Bautafel aufgestellt.**
Mitte: **Bauherr mit Sohn bei der ersten Besichtigung des künftigen Domizils.**
Unten: **Die Ostfassade vor der Renovierung.**

Ein Dorfhaus in den Marken

Am Hang nördlich des Hauses entstand eine mediterran gestaltete Terrassenlandschaft. Zwischen den Natursteinmäuerchen führt eine Treppe nach oben.

Besonders reizvoll stellt sich die Gestaltung der Außenanlagen dar. Der Hang nördlich des Hauses wurde zur Anlage von Geländeterrassen genutzt, die durch Natursteinmauern befestigt sind. Das hierzu erforderliche Material stammte teils vom Abbruch eines alten Kleinviehstalls, teils wurde es vom Bauunternehmer anderweitig besorgt.

Die Planung erstellte Architekt Franz Ostermann, die Familie Nitzsche hat die so entstandenen Beete mit vielerlei mediterranen Gewächsen und Rosensträuchern liebevoll bepflanzt. Insgesamt ist somit im Weiler Barbanti ein bescheidenes, aber sehr stimmungsvolles Dorfhaus wiedererstanden, das seine Qualitäten beim näheren Hinsehen vollständig offenbart.

Die alten, rot bezogenen Stühle am Eßtisch passen bestens zum Terrakotta-Boden und den Backsteinen der Decke. Rechts der Haupteingang und die Gasse vor dem Haus.

»Das Eßzimmer klassisch und dennoch zweckmäßig, einfach bewährt«

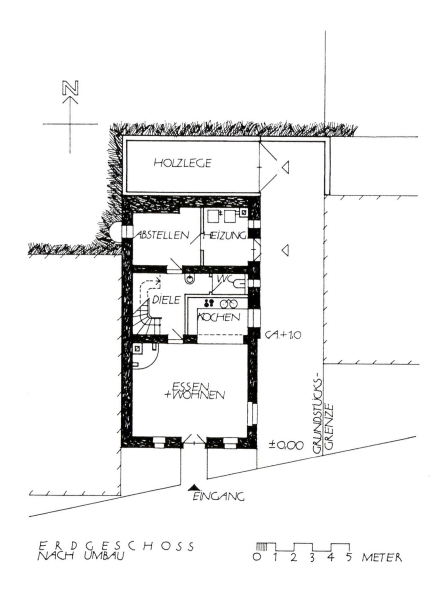

# Ein Dorfhaus in den Marken
## Abseits ausgetretener Pfade

**Erbauungszeit**
vor 1900
**Dauer der Renovierung**
1992 bis 1993
**Grundstücksgröße**
2000 m²
**Anzahl der Bewohner**
3
**Wohnfläche**
200 m²
**Renovierungskosten je m² Wohnfläche**
1250 DM
**Eigenleistung**
10 000 DM
**Renovierungskosten gesamt**
250 000 DM

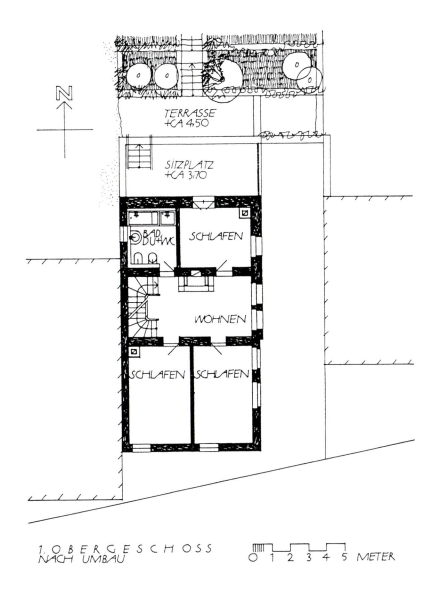

**Architekt**
Franz Ostermann
Ulmer Landstraße 321
D-86391 Stadtbergen
Telefon (0821) 40 78 48
**Bauunternehmen**
Gebr. Lucchetti, I-Cagli
**Heizung, Sanitär und Spenglerei**
Bruno Bodriglini, I-San Lorenzo
in Campo/Pergola

## Ein altes Mas im Vaucluse
# Rückzugsort mitten im Dorf

Der südwestliche, den Gästen vorbehaltene Wohntrakt mit stimmungsvollem Pool im Innenhof.
Rechte Seite: **Leben wie im Traum: Das Wohnhaus von Jürg und Simone Haas (Blick von Nordwesten). Tisch und Stühle wurden von einem Schlosser aus der Gegend gefertigt. Rechts die Mauer des Innenhofes.**

Im Herzen der Provence, zwischen Avignon und Apt, liegt ein von Touristen nur selten besuchtes kleines Dorf. Die an einen Hügel geschmiegte Siedlung wird vom Schloß der ehemaligen Ortsherrschaft gekrönt. Ein Stück unterhalb führen zwei schmale Stichsträßchen zum Anwesen der Familie Haas. Der Schweizer Architekt Jürg Haas und seine Frau Simone haben hier eine zweite Heimat gefunden. Sie verbringen nicht nur viele Monate des Jahres in ihrem südfranzösischen Domizil, sondern haben sich auch ganz bewußt in das Dorf eingegliedert. Man achtet die örtlichen Gepflogenheiten, nimmt teil am täglichen Leben, erfährt beim Bäcker die neuesten Nachrichten und unterhält ein angenehmes Verhältnis mit den Nachbarn. Viele schweizerische und französische Freunde, die in der näheren Umgebung leben, tragen natürlich zum angenehmen sozialen Umfeld bei. Die gelernte Textil- und Modedesignerin Simone Haas verbringt oft mehrere Monate am Stück an diesem Ort, wo sie Ruhe und kreative Ideen für ihre künstlerische Arbeit findet. Unter ihren Händen entstehen in der renovierten kleinen Werkstatt faszinierende Skulpturen aus Eisen, Holz und Keramik. Jürg Haas pendelt dagegen des öfteren zwischen Südfrankreich und seinem Architekturbüro in Zürich. Von Zeit zu Zeit kommen die beiden erwachsenen Kinder zu Besuch, für die das südfranzösische Domizil natürlich ein sehr attraktiver Anlaufpunkt ist.
Die von Jürg Haas selbst renovierte Hausgruppe ist vom tiefergelegenen westlichen Niveau aus über eine Steintreppe zugänglich, von Osten her gelangt man durch ein blaues Holztor direkt in den Innenhof.

Unter dem tonplattengedeckten Sitzplatz beim Pool läßt sich der povençalische Sommer gut beschattet genießen. Die Hauswand blieb teilweise unverputzt, die verputzten Bereiche wurden mit den typisch provençalischen Ockerfarben gestrichen. Der Bodenbelag besteht aus Kalksteinplatten *(dalles)*. Liegestuhl, Thermometer und Eisenvogel fand man bei Antiquitätenhändlern der Umgebung.

Der Hof wird auf drei Seiten vom ehemaligen, hakenförmigen Wirtschaftstrakt im Süden, dem kleinen Werkstattgebäude im Westen – heute das Atelier von Simone Haas – und dem Wohnhaus im Norden umgeben. Der westseitige Zugang zum Wohnhaus wird von einer blauen Bank und einer Sitzgruppe flankiert, die Mauer ist mit Wildem Wein bewachsen. Vom Sitzplatz unter dem ziegelgedeckten Vordach und dem Liegeplatz am Pool genießt man einen wunderschönen Ausblick auf das 600 Jahre alte Dorf und das Schloß, das heute von einer bekannten Bühnenschauspielerin bewohnt wird. Der Hofbaum, eine große Pinie, ist mit Rosmarin umwachsen, an der Mauer bei der Werkstatt wachsen hellblaue Schwertlilien. Eine hohe Lorbeerhecke grenzt Schwimmbad und Hofeinfahrt voneinander ab.

Die Haussuche gestaltete sich anfangs nicht ganz einfach. Grundsätzlich war man sich allerdings darüber einig, daß es ein Anwesen in der Provence sein sollte. Die Frankophilie der Familie war unter anderem dadurch bedingt, daß Simone Haas ihre Jugend in der französischen Schweiz verbracht hatte und man im Urlaub oft nach Südfrankreich gefahren war. Der Auslöser für die konkrete Suche war dann aber im Jahr 1985 ein Kochkurs von Simone Haas, der in einem alten Landhaus in der Nähe von Gordes stattfand. Nachdem Simone und Jürg Haas sich daraufhin dazu entschlossen hatten, sich ihren Traum vom Haus in Südfrankreich zu erfüllen, suchten sie mit Hilfe eines Immobilienmaklers etwa ein Jahr lang nach dem zu ihnen passenden Anwesen. Auf jeden Fall sollte es sich in einem Dorf befinden, da der Kontakt zur einheimischen

Oben und Mitte: **Aufgangsbereich von der Wohnküche zum Obergeschoß vor und nach der Renovierung.**
Unten: **Die heutige Wohnküche der Familie Haas vor der Renovierung.**

Bevölkerung ein sehr wichtiges Auswahlkriterium war, es sollte weder „kaputtrenoviert" sein noch völlig in Trümmern liegen und sich natürlich in einer ansprechenden Umgebung befinden. Weitere Kriterien waren die Lage im Ort, die Orientierung zur Sonne, die Größe, eine schöne Aussicht und natürlich die vorhandene Infrastruktur (zum Beispiel Einkaufsmöglichkeiten). Die ersten zehn angebotenen Objekte entsprachen bei der Besichtigung leider nicht den selbst gesetzten Ansprüchen. Bereits der Haussuche überdrüssig, stießen Simone und Jürg Haas dann doch noch auf ihr Traumhaus. Nach der Besichtigung und einer bautechnischen Untersuchung erwarb man das Anwesen, das damals zunächst nur das Wohnhaus und die Atelierwerkstatt umfaßte.
Die Kaufabwicklung einschließlich des Vorvertrags (mit Anzahlung auf den Kaufpreis), des für den Abschluß des Hauptvertrags vorgeschriebenen Notariatstermins und aller Formalitäten dauerte etwa zwei Monate.
Zunächst mußte als Grundlage für die Renovierungsplanung ein Aufmaß im Maßstab 1:50 erstellt werden. Zudem waren nun natürlich eingehendere Untersuchungen des Bestands nötig, da die Kenntnis der vorliegenden Bauschäden die Voraussetzung für eine fundierte Planung war. Der Dachbereich mußte durch Spezialfolien gegen Wind und Feuchtigkeit isoliert und gedämmt werden, um das Dachgeschoß als Wohnraum nutzen zu können. Die alten Fenster wurden durch Neuanfertigungen mit Isolierverglasung ersetzt. Alle sanitären Anlagen sowie die elektrisch betriebenen Einzelheizkörper mußten neu installiert werden.

Panoramaansicht des Anwesens von Westen. Hinter dem Eingangstor das Ateliergebäude von Simone Haas, links oberhalb das Wohnhaus von Jürg und Simone. Rechts im Vordergrund das heutige Gästehaus.

Gästewohnung in der ehemaligen Scheune (Erdgeschoß).

Nachdem im Jahr 1989 dann auch ein Teil des südlich angrenzenden Bauernhofs erworben werden konnte, wurde natürlich auch dieser Trakt in das Gestaltungskonzept einbezogen. Im Februar 1990 konnte der Eingabeplan eingereicht werden, die Baugenehmigung wurde von der zuständigen Baubehörde und dem Baudepartement zwei Monate später erteilt.

Ziel der Planung war es stets, zum einen die vorhandenen Bauteile soweit als nur möglich zu erhalten und zu sanieren, zum anderen die unumgänglichen Veränderungen und die neuen Bauteile klar ablesbar zu gestalten. Der Grundriß des Hauses mußte natürlich in einigen Fällen den Wohnanforderungen angepaßt werden, aber auch dies geschah mit sicherem Gespür für die richtige Raumaufteilung. Obgleich etwa im Erdgeschoß des Wohnhauses die Mauer und der Durchgang zwischen Küche und Gang versetzt worden sind, hat man den Eindruck, als sei hier der ursprüngliche Grundriß belassen worden.

Sowohl für die Überarbeitung alter als auch für die Schaffung neuer Bauteile bediente sich Jürg Haas der für die Region typischen Techniken und Materialien. Für die Dachstühle hieß dies etwa, daß die – teils erhaltenen, teils erneuerten – Holzbalkenkonstruktionen zwischen den Sparren mit Backsteinen ausgekleidet und mit Gips ausgefugt wurden. Die Deckenauf-

»Die Innenarchitektur orientiert sich
an alten Vorbildern
und übersetzt sie in zeitgemäße Formen.«

Oben: **Das Prunkstück des Schlafzimmers ist der nach Jürg Haas'
Plänen gemauerte Kleiderschrank. Die Türen sind Flohmarktfunde.**
Unten: **Weniger ist mehr: das Bad im Obergeschoß des Wohnhauses.**

bauten mußten, so etwa über dem Eßbereich, wegen baulicher Mängel teils neu hergestellt und verstärkt werden.
In einigen Fällen blieb in besonders schönen Räumen – etwa im Obergeschoß des Wohnhauses und in der ehemaligen Scheune – nach der Renovierung der Blick durch die Kehlbalkenlage bis zum Dach frei. Für die Eindeckung verwendete man die gängige Form des Dachziegels (*tuiles canal*), wobei ausschließlich gebrauchte Exemplare aus der Region benutzt wurden. Das vorgefundene Natursteinmauerwerk aus Kalkstein (Stärke 60 Zentimeter) wurde mit dem gleichen Material – ebenfalls regionaler Herkunft – ergänzt.

Oben: **Tongefäß mit Pelargonie vor dem Atelier von Simone Haas. Hinten der mit Wildem Wein überwachsene Durchgang zum Wohnhaus.**
Mitte: **Impression der Hoffassade mit Wasserbecken.**
Unten: **Das Wohnhaus mit Innenhof. Der Kiesbelag fügt Gebäude und Erdboden zusammen und sorgt zudem für kühle Füße. Die blaue Stehleiter dient zum Trocknen der Wäsche.**

Die Innenarchitektur orientiert sich teils ebenfalls an alten Vorbildern, die jedoch durch neue Einflüsse ergänzt werden. So finden sich in mehreren Räumen die für den mediterranen Raum typischen gemauerten Schrankeinbauten, deren Formgebung und Detailgestaltung jedoch neu entworfen wurden. Die in 6 Zentimeter Stärke ausgeführten vergipsten Wände erhielten alte Holztüren vom Flohmarkt. Teils werden auch bewußt Kontraste zwischen Alt und Neu geschaffen, beispielsweise durch die Nutzung von Edelstahlseilen zur Befestigung der Leuchtensysteme.

Zunächst hatte sich die Familie Haas wegen der erwarteten Kosten und des Platzbedarfs gescheut, einen Pool zu planen, jedoch erwies sich dieses Vorhaben während der heißen provençalischen Sommer als fast überlebensnotwendig. Für die Gäste wurde aus dem gleichen Grund ein separates Schwimmbad im westlichen Vorhof angelegt. Da die Gegend ausreichend mit Wasser versorgt ist, gab es dagegen auch keine ökologischen Bedenken. Die Beckenränder bestehen jeweils aus ungeschliffenen alten Kalksteinplatten (*dalles*) in den Maßen 50 x 60 Zentimeter, die einen schönen Übergang zum gekiesten Boden des Innenhofs schaffen.

Alles in allem haben Jürg und Simone Haas hier ein kleines Paradies erschaffen, das der Vorstellung vieler Kaufwilliger, die noch auf der Suche nach ihrem Traumhaus sind, sicherlich sehr nahekommt. Zumindest auf Zeit kann man diese unvergleichliche Atmosphäre in einer der drei Ferienwohnungen (für bis zu 10 Personen), die in der ehemaligen Scheune entstanden sind, auch selbst erleben.

**Das Architektur- und Fotoatelier von Jürg Haas befindet sich im ersten Obergeschoß der alten Scheune. Hier bietet sich im wahrsten Sinne Freiraum zum Nachdenken und Arbeiten ...**

Freier Durchblick zwischen alten Balken: Die große Gästewohnung im Obergeschoß der Scheune gewinnt durch das Fehlen der Decken an räumlicher Wirkung.

Die Atelierwohnung bietet ein besonders stimmungsvolles Ambiente. Der Cheminée-Ofen wurde nach den Plänen des Architekten gemauert.

**Treppe in der alten Scheune.**

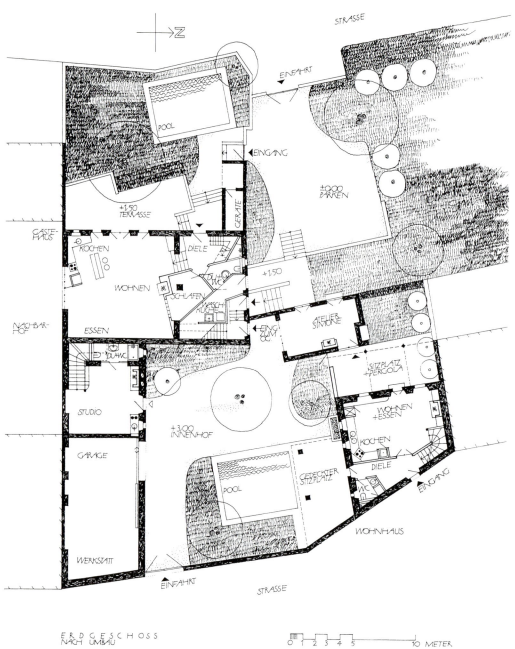

# Ein altes Mas im Vaucluse
## Rückzugsort mitten im Dorf

**Erbauungszeit**
Ende 18. Jahrhundert
**Grundstücksgröße**
1525 m²
**Anzahl der Bewohner**
2 bis 6
**Anzahl der Gäste**
bis zu 10
**Wohnfläche Wohnhaus**
210 m²
**Wohnfläche ehemaliger Bauernhof und Scheune**
450 m²

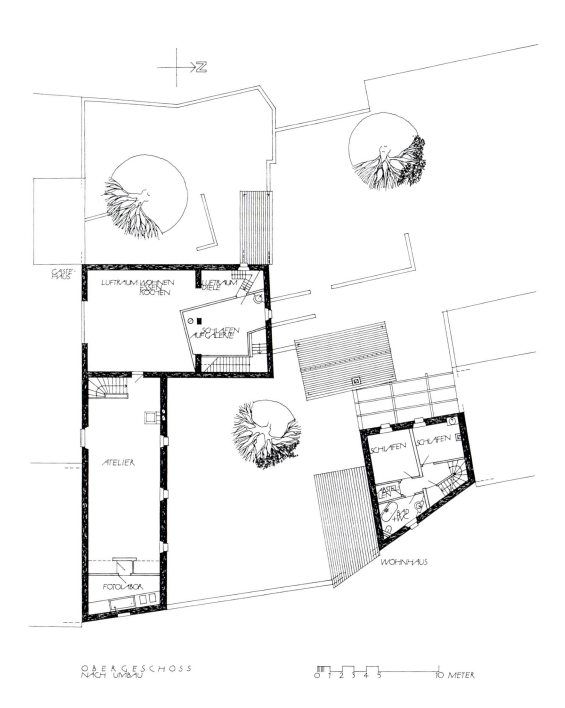

### Kontakt- und Buchungsadresse
Jürg Haas, Telefax: (0041-1) 38 33 33-2

### Einrichtung (Leuchtensysteme)
Ingo Maurer, Kaiserstraße 47,
D-80801 München
Telefon: (089) 38 16 06-0,
Telefax: (089) 38 16 06-20

Ein Landhaus in der Provence

# Vom Bauernhof zur Galerie

**Blick auf den Jas de la Rimade von Westen. Marcel Heinz widmet sich seinem Park mit großer Leidenschaft.**
Rechte Seite:
Oben: **Die westliche Fassade öffnet sich heute mutig dem Mistral.**
Unten: **Der Weg zum Anwesen Heinz führt durch einen wundervollen mediterranen Garten.**

Wer die Provence kennt, weiß, wie groß sie ist und welch abgeschiedene Gegenden es hier gibt. Dort, wo fremde Besucher noch überraschte Blicke ernten und die Weinreben wichtiger als der Tourismus sind, unternahmen Béatrice und Marcel Heinz 1983 ein sehr ungewöhnliches Wagnis. Der Luxemburger und seine deutsche Frau hatten dem Geschäftsleben den Rücken gekehrt und sich auf die Suche nach der Faszination des Südens begeben. Allerdings setzten sie sich dort nun keineswegs zur Ruhe, sondern bauten etwas völlig Neues auf. Nicht zufrieden damit, die ruinenhaften Reste eines ehemaligen Bauernhauses zu erwerben und dieses Stück für Stück auf wunderbare Weise wiederherzustellen, entwickelten Béatrice und Marcel einen kühnen Plan: Hier, inmitten der südfranzösischen Abgeschiedenheit bei Carcès im Département Var, wollten sie eine Galerie für moderne Kunst schaffen. Diesen Versuch, zeitgenössische Kunst weitab des städtischen Umfelds zu etablieren, verfolgten anfangs auch viele Bekannte und Freunde mit einer gewissen Skepsis. Sehr bald zeigte sich jedoch, daß die Galerie aufgrund ihres hervorragenden Konzepts und gerade wegen ihrer Lage und ihrer unvergleichlichen Atmosphäre sowohl bedeutende Künstler als auch zahlreiche Besucher anzog. Schon nach kurzer Zeit hatte sich der Jas de la Rimade auch bei der überregionalen Presse als Galerie für zeitgenössische Kunst einen hervorragenden Namen gemacht. Die Liste der bisher ausgestellten renommierten Künstler aus nahezu allen Bereichen – Malerei, Bildhauerei, Zeichnung, Radierung – ist mittlerweile zu lang, um alle aufzuzählen. Unter anderem wurde der heute international bekannte Bildhauer Nicolas Lavarenne hier entdeckt. 1986 fand eine Ausstellung seiner Werke in einem bereits renovierten Flügel des Anwesens statt, als an anderer Stelle noch die Bauarbeiten in vollem Gange waren. Jean-Pierre Ceytaire begann als fast unbekannter Maler im Jas de la Rimade und hatte hier seine bedeutendsten Events; eine dieser Vernissagen mit über 1000 Gästen ging 1991 durch alle französischen Medien. Ebenso stellte der berühmte brasilianische Maler Juarez Machado seit 1992 mehrmals hier aus. Unter den weiteren Stammkünstlern der Galerie sind ferner die Spanierin Concha

Oben: **Die Gebäudegruppe vor ihrer Erweckung.**
Unten: **Vater und Sohn bei Renovierungsarbeiten.**
Rechte Seite: **Kunst in Naturstein: Blick in den Hauptraum der Galerie.**

Benedito, die Objektkünstlerin Ciris Vell, die bekannten Moskauer Maler Dmitry Krymov und Ivan Loubennikov, der englische Pastellist Michael Bastow, der Israeli Ben Ami Koller, die Franzosen Arnaud de Bonis und Patrick Bocca Rossa, Bruno Griesel und viele andere.

Die Familie Heinz setzte vor der Renovierung alles daran, mehr über die Geschichte des Anwesens in Erfahrung zu bringen. Vermutlich hatten an dieser Stelle bereits die Kelten und Römer Gebäude errichtet. Ein Historiker und Archäologe grub vor Beginn der Bauarbeiten unter den Mauern des ehemaligen Schafstalls einen Meter starke Fundamente aus, die auf die Epoche der Merowinger (6. Jh. n. Chr.) hindeuten. Die heute noch vorhandenen Bauteile gehen nach allem, was hierüber bekannt ist, auf die Herrschaftszeit der Tempelritter zurück, deren Schloß einige Kilometer weiter nördlich auf einem Hügel über dem Tal der Argens thront. Die Bezeichnung Jas de la Rimade verrät die ursprüngliche Nutzung der Gebäude. Das provençalische Jas bedeutet wörtlich „Zufluchtsort". In den Mauern des U-förmig angelegten Anwesens fühlte man sich wie in einer kleinen Festung, wo Mensch und Tier sicher waren. Da die Provençalen im Mittelalter vor allem Schafe hielten, wurde aus Jas der Begriff „Schafstall" abgeleitet. Um 1200 entstand wohl der erste Bauteil, die heutige Galerie, in den folgenden beiden Jahrhunderten dürfte ein Trakt dieses Gebäudes dann aufgestockt worden sein, um in dem so geschaffenen Scheunenteil Stroh und Futter einzulagern. Wiederum einige Zeit später wurde gegenüber ein kleines, dann erweitertes eingeschossiges Wohnhaus errichtet, das nochmals etwas später um eine Wohnung im ersten Obergeschoß (das heutige Elternschlafzimmer) aufgestockt wurde. Den zwischen den beiden Gebäuden ent-

Im Skulpturenpark vor der Galerie ergeben sich ständig neue Perspektiven. Die Eisenskulpturen schuf François Dumont (1997), Bernard Roudet die bemalten Stelen aus Kastanienholz (1998).

Blickfang im Wohnzimmer ist der eigenwillig gestaltete Kamin.

standenen Innenhof schloß man durch eine Mauer und ein Tor gegen außen ab, zum Schutz gegen „vier- und zweibeinige Wölfe", wie die Provençalen sagen. Urkundlich wird der Hof 1745 erstmals erwähnt. Er ging 1789 aus dem Besitz der de Royan per Enteignung an den Staat über und wechselte in den folgenden Jahrhunderten noch mehrmals seine Besitzer. Im Mittelpunkt der Nutzung stand stets die Schafhaltung sowie der Anbau von Weizen, Weinreben und Oliven. Bereits um 1960 wurden die Landwirtschaft aufgegeben und die Gebäude verlassen. Béatrice und Marcel Heinz stießen 1982 durch Zufall auf das Anwesen, das fast wie ein kleines Dornröschenschloß von meterhohem stacheligem Gestrüpp umgeben war. Vorher hatte man über 50 Häuser und Grundstücke besichtigt, der Makler begann zu verzweifeln. Doch hier fiel sofort der Entschluß zum Kauf des gemeinsamen Traumobjekts, das Béatrice und Marcel allerdings letztlich erst ein Jahr später erwerben konnten. Der Kaufpreis war mit etwa FF 300000 recht günstig, trug aber natürlich auch dem ruinenhaften Zustand der Gebäude Rechnung. Da Béatrice und Marcel Heinz nicht nur Räume für ihre Galerie, sondern auch für ihr Familienleben brauchten, war der von ihnen entdeckte alte Bauernhof für ihre Ansprüche gerade richtig: er bietet mit seinem großen Wohnhaus und dem Stallgebäude genügend Platz für die Familie und die Kunst.

Zur Faszination, die von diesem Anwesen ausgeht, mag vielleicht auch die Stellung der Gebäude beigetragen haben, die so orientiert sind, daß die Giebelfassaden mit dem Hofeingang genau um 45 Grad von der Nord-Süd-Achse abweichen, also nach Südwesten liegen. Diese Ausrichtung, die sich auch bei vielen Stätten der Einkehr, Tempeln, Pyramiden und Kathedralen findet, berücksichtigt den Verlauf des die ganze Erde umspannenden sogenannten Hartmannschen Magnetnetzes und nützt die von diesem ausgehenden kosmotellurischen Kräfte.

Die Gebäude stehen sich traufseitig gegenüber, die Giebelwände werden durch hohe Hofmauern verbunden. Der dazwischenliegende, sehr stimmungsvolle Innenhof diente ehemals als Sammelplatz für die Schafe.

Die Grundanlage wurde bei der Renovierung in ihrem ursprünglichen Zustand belassen und die Bausubstanz soweit als möglich wiederhergestellt. Sogar ein aus dem Boden des alten Schafstalls emporgewachsener, zur Zeit der Erwerbung bereits recht großer Baum sollte nach der ursprünglichen Planung erhalten und in die Galerie integriert werden, jedoch erwiesen sich die damit verbundenen Arbeiten letztlich als zu schwierig und aufwendig. Im Grunde war die Familie Heinz ihr eigenes Planungsteam. Rat holten sie sich einige Male bei befreundeten Künstlern, die zusätzliche kreative Ideen sowie ihr sicheres Gespür für richtige Proportionen und Details einbrachten.

Die auf der Südostseite des Wohngebäudes in das Obergeschoß führende steinerne Außentreppe wurde saniert und etwas verlängert, dabei wurden die alten Trittstufen wiederverwendet. Während der

Ausstellung im Jas de la Rimade von März/April 1999, ‚Parfum Exotique'. Die Bilder stammen von Jean-Noel Zanetti (Afrika-Impressionen, Mischtechnik auf Holz, 1998/99), die Holzskulpturen von Bernard Roudet (1998).

Bilder von Fabienne Lopez (Öl auf Leinwand, 1998/99).

Großteil der ursprünglich vorhandenen Fensteröffnungen bestehen blieb, erforderte die Verbesserung der Belichtung natürlich an einigen Stellen Anpassungen an den Bedarf. Die deutlichsten Veränderungen hat die nordwestliche Fassade des Wohnhauses erfahren. In früheren Zeiten war es üblich gewesen, auf der dem kalten Mistral zugewandten Hausseite möglichst wenige Öffnungen zu haben. Heute jedoch bietet gerade diese Seite einen wunderschönen Ausblick auf die Weinberge, der nun durch die vollverglasten Fenstertüren genossen werden kann. Der ehemalige Stall behielt auf der südwestlichen Giebelseite seine alte Fassadengliederung, während auf der Nordwestseite einige neue Öffnungen gesetzt wurden, so etwa für den Ausgang von der Galerie zum Innenhof. Dies konnte ohne Probleme geschehen, da die nördliche Außenmauer ohnehin so verformt war, daß ihr westlicher Abschnitt vollständig weggenommen und erneuert werden mußte. Um die Nutzbarkeit des Stalls als Galerie zu verbessern, wurde das Dach etwas angehoben und durch Dachfenster das für Kunstwerke ideale Licht geschaffen. Der Aufbau des Dachs entspricht dem traditionellen *plafond marseillais*, das lediglich dem zeitgemäßen Standard gemäß um eine Dämmschicht und eine Dichtungsfolie ergänzt ist. Als Deckungsmaterial entschied man sich für die ebenfalls traditionellen „römischen Ziegel" (*tuiles romaines*), die teils noch vor Ort vorhanden waren und wiederverwendet werden konnten. Um ein typisch provençalisches Bauteil handelt es sich auch bei der *genoise*. In diesem Fall wurden drei Lagen von Tonziegeln im Bereich (der ohne Dachrinne ausgeführten) Traufe versetzt übereinander angeordnet. Diese Konstruktion ist nicht nur schön anzusehen, sondern schützt auch die Fassade wirkungsvoll vor Nässe.

Die besondere Magie des Ortes führte bei vielen Besuchern zu dem Wunsch, dort auch einige Tage zu verbringen. Also beschlossen Béatrice und Marcel, aus den Gästezimmern im Obergeschoß des Galeriegebäudes zwei Ferienwohnungen zu machen. Durch die vorsichtige Angliederung eines Ergänzungsbaus mit Flachdach steht hier nun auch eine große Sonnenterrasse zur Verfügung.

Eine der faszinierenden Besonderheiten des Anwesens ist der großartige Landschaftsgarten, der das Haus harmonisch in die umgebende Natur übergehen läßt. Zahlreiche mediterrane Pflanzen, niedrige Mauern und Tongefäße bilden eine überzeugende Einheit. Krönung dieses Werks ist ein eindrucksvoller Skulpturenpark mit Werken von Nicolas Lavarenne, François Dumont, Jean-Marie Fondacaro, Dominique Thévenin und vielen anderen. Wie bei einer stetigen Metamorphose kommen immer wieder neue Werke hinzu, so daß sich die Gesamterscheinung ständig verändert. In gewisser Weise verkörpert der Landschafts- und Skulpturengarten die Seele des Jas de la Rimade – eine wundervoll selbstverständliche Verbindung von Kunst und Natürlichkeit. Béatrice und Marcel Heinz führen uns vor Augen, wie aus Mühe und Esprit Kunst entsteht.

Die Renovierung des Wohnhauses erfolgte mit größtem Respekt vor seiner bäuerlichen Vergangenheit.

# Ein Landhaus in der Provence
## Vom Bauernhof zur Galerie

Der Innenhof verbindet die verschiedenen Lebens- und Arbeitsbereiche der Familie Heinz. Links der Eingang zum Wohnhaus, ganz rechts die Galerie.

**Erbauungszeit**
Teile im Kern ca. 1200, später mehrmals erweitert und verändert

**Dauer der Renovierung**
1983 bis 1988 (Wohntrakt) und 1990 (Galerie) sowie 1998 Anbau mit Ferienwohnungen

**Grundstücksgröße**
15 500 m²

**Anzahl der Bewohner**
4

**Wohn- und Nutzfläche gesamt**
490 m²

**Renovierungskosten je m² Wohnfläche**
4700 FF

**Bau- und Renovierungskosten gesamt**
2 000 000 FF

**Eigentümer & Galerie:**
Jas de la Rimade, Galerie d'Art Contemporain, Béatrice und Marcel Heinz, F-3570 Carcès (Var),
Telefon: (0033-494) 59 55 11,
Telefax: (0033-494) 59 53 64, E-Mail: heinzm@lemel.fr, Homepage: www.provenceweb.fr/83/jas-rimade/galerie.htm

**Handwerksbetriebe:**
**Maurer**
D. Rebillon, Route de Bras, F-83143 Le Val
**Gipser**
C. Bermudez, 22, rue Cousteironne, F-83570 Carcès
**Schreiner**
J. L. Cherubini, Z. I. Les Consacs, F-83170 Brignoles
**Sanitärinstallation**
M. Olive, Route de Lorgues, F-83570 Carcès
**Elektroinstallation**
J. Chambon, 1, rue M. Choffre, F-83570 Carcès
**Altmaterialienhändler**
M. Dutto, Z. I. Les Consacs, F-83170 Brignoles

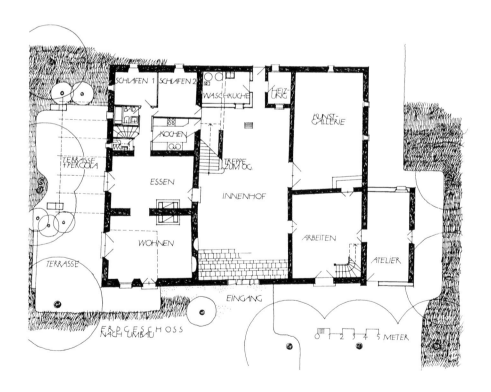

Ein Landhaus in der Provence

Ein früheres Wirtshaus nahe Gordes
# Zwischen Kirche und Tal

**Der Sitzplatz beim Pool könnte stimmungsvoller kaum sein. Die Eisenmöbel fertigte ein Kunstschmied aus der Gegend**

Unmittelbar nördlich des Lubéron, der wohl bekanntesten Hügelformation der Provence, erstreckt sich die Landschaft des Vaucluse. Die Siedlungsstruktur dieser Gegend ist durch die Mischung größerer Dörfer, kleinerer Weiler und freistehender Einzelgehöfte geprägt. Der malerisch an einen Berghang geschmiegte, mittlerweile sehr bekannte Ort Gordes ist eines der meistfrequentierten Besuchsziele dieser Region. Ganz in der Nähe befindet sich auch der zur gleichen Gemeinde gehörige Flecken Les Gros. Ungeachtet des Namens handelt es sich um einen kleinen Weiler (*mazet*), der Anfang des 17. Jahrhunderts von Hugenotten gegründet worden ist. Ebenso wie die am höchsten Punkt des Geländes postierte Kirche (*le temple*) befindet sich das heutige Feriendomizil von Sibylle Leimgruber direkt am Hauptplatz. Die gesamte Siedlung wurde unmittelbar auf Fels gebaut. Heute steht sie als Ensemble unter Denkmalschutz. Direkt neben dem Anwesen von Sibylle Leimgruber steht das älteste Haus des Dorfes, eine 1624 erbaute Ölmühle mit noch vollständig erhaltener Ausstattung.

Das Schlafzimmer von Sibylle Leimgruber im Obergeschoß des Südtrakts. Die Einrichtung und auch das filigrane Leuchtensystem von Ingo Maurer lassen dem Raum seine Wirkung. Der Spiegel ist ein Fundstück vom Flohmarkt in L'Isle-sur-la-Sorgue.

Der Wohnbereich im Erdgeschoß des Südtrakts. Der Kamin entstand nach den Plänen von Jürg Haas, die Vitrine entdeckte Sibylle Leimgruber beim in L'Isle-sur-la-Sorgue. Rechts der Ausgang zum überdachten Sitzplatz.

Auf der dem Dorfplatz und dem Kirchlein zugewandten Nordseite nur eingeschossig, weisen die Gebäude unseres Beispielanwesens infolge der starken Hanglage auf der Südseite durchgehend zwei Wohnebenen auf. Kennzeichnend sind die eher quadratischen Grundrisse der einzelnen Bauten. Die das Grundstück südlich umschließende Natursteinmauer läßt einen großzügigen Hofbereich mit Schwimmbad und überdachtem Freisitz entstehen, in den man durch ein blaues Holztor gelangt. Im Norden und Osten wird das Grundstück durch die insgesamt vier verschiedenen Teilgebäude begrenzt, die historisch in mehreren Etappen entstanden sind. Unter anderem ist das Anwesen früher als Dorfwirtshaus genutzt worden. Beim Erwerb durch die heutige Besitzerin war es ein kleiner Bauernhof.

Die Anlage gelangte im Jahr 1996 nach zuletzt ermüdender dreijähriger Suche in den Besitz von Sibylle Leimgruber. Sie erwarb die Gebäudegruppe damals auf Vermittlung eines *agent immobilier* von zwei dort wohnenden Bauern.

Der in Südfrankreich ansässige und mit der Renovierung provençalischer Häuser bestens vertraute Architekt Jürg Haas übernahm die Umbauplanung. Der Zustand des Anwesens war insgesamt noch akzeptabel, jedoch war eine gründliche Sanierung notwendig. Unter anderem waren zum Zeitpunkt des Kaufs, obgleich die Häuser vorher bewohnt gewesen waren, keinerlei sanitäre Anlagen vorhanden. Ähnlich wie bei seinem eigenen Haus gelang es Jürg Haas auch hier, für die Wohnnutzung unabdingbare Veränderungen vorzunehmen, ohne den Grundcharakter zu stören. So fällt dem Betrachter kaum auf, daß etwa in der traufseitigen Fassade des Südtrakts zur Verbesserung der Belichtung einige zusätzliche Fensteröffnungen geschaffen worden sind. Die heutige Fassadengliederung und Fenstereinteilung wirkt absolut natürlich und ordnet sich der gewachsenen Formen-

**Speisen wie … zumindest eine Halbgöttin in der Provence: Sitzplatz unter dem Vordach des Innenhofs. Im Hintergrund die vom Architekten eingefügte Trennmauer zwischen überdachtem und offenem Hofbereich. Rechts hinten der Eingang zur Wohnküche.**

**Die Farben Blau und Weiß dominieren in der Wohnküche des Nordtrakts. Die Treppe wirkt wie eine Skulptur.**

sprache unter. Dennoch signalisieren einige mit Bedacht gewählte Elemente, etwa die Einteilung der Fenstertüren, daß hier etwas eingefügt wurde. Alle Fenster wurden neu gebaut, mit Isolierglasscheiben versehen und im regionaltypischen Graublau gestrichen.

Bei den Balken handelt es sich durchgehend um geschälte Rundhölzer aus Tanne, die auf hergebrachte Weise bearbeitet wurden. Das Dach des Freisitzes ist ebenso konstruiert und mit der typischen Tonziegeleindeckung versehen, doch zeigt die vorgesetzte Trennmauer ganz ehrlich ihren modernen Ursprung. Dieser überdachte Freisitz ist der Rest eines offenen Viehstalls, der einmal den gesamten nordwestlichen Innenhof überdeckte. Zur Verbesserung der Belichtung in der Küche war es unumgänglich, den nördlichen Abschnitt wegzunehmen. Als Bodenbeläge kamen antike Tonplatten zur Verwendung, die man über einen Spezialanbieter in St. Remy bezog. Als Wärmequelle dienen Cheminée-Warmluftöfen und elektrische Heizkörper.

Wenn die Häuser nicht von der Eigentümerin selbst genutzt werden, sind sie für Ferienaufenthalte zu mieten. Dies gilt allerdings nur für den im Norden situierten Trakt. Die südlichen Gebäude bleiben ganzjährig der Hausherrin vorbehalten.

Das Anwesen von Sibylle Leimgruber besitzt nach der Renovierung eine faszinierende mediterrane Ausstrahlung, hat dabei jedoch allen Charme eines jahrhundertealten baulichen Zeugnisses bewahrt. Dies verdankt sich der glücklichen Verbindung alter und neuer Elemente – sowohl hinsichtlich der architektonischen Gestaltung als auch der Innenausstattung. Das Geheimnis für diese erfolgreiche Mélange ist eine konsequent durchgehaltene „anspruchsvolle Zurückhaltung". Alle Bauteile und Einrichtungsgegenstände sind von höchster Qualität, ordnen sich aber in vollkommener Weise dem einfachen, geradlinigen Charakter der Gebäude unter.

Sitzplatz und Pool mit Blick zum Nachbarhaus.

Links: **Fassade des Südtrakts vor und nach der Renovierung.**
Unten: **Kaum zu glauben, aber wahr: So sah es im Inneren des Hauses vor der Renovierung aus.**

# Ein früheres Wirtshaus nahe Gordes
# Zwischen Kirche und Tal

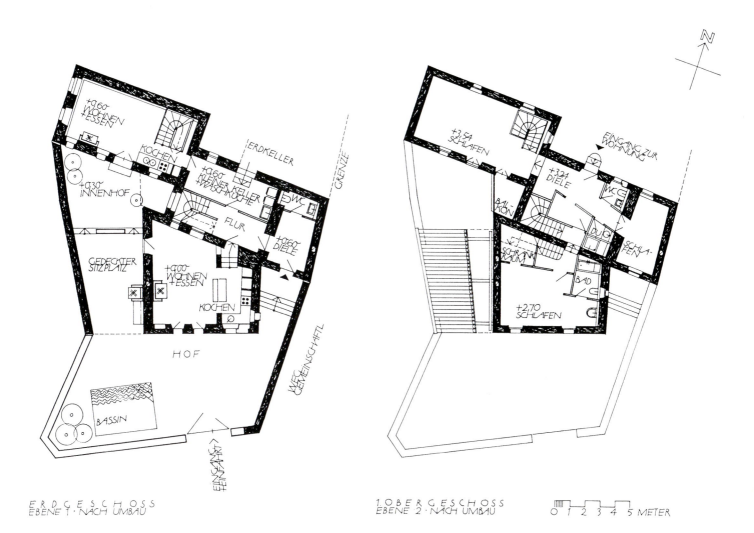

**Erbauungszeit**
um 1790
**Dauer der Renovierung**
1996/97 (ein Jahr)
**Grundstücksgröße**
350 m²
**Anzahl der Bewohner oder Gäste**
bis zu 4
**Wohnfläche insgesamt**
(ohne Nutzfläche)
224 m²

**Architekt**
Jürg Haas,
Telefax: (0041-1) 38 33 33-2

**Einrichtung**
Xavier Nicod, Antiquar, l'Isle-sur-la-Sorgue

Rechts die Kathedrale *La Seu*, ganz links das Stadtpalais in der Carrer Estudio General.

Ein Stadtpalais in Palma de Mallorca
# Die Seele des Architekten

Die Spur der maurischen Kultur zieht sich durch weite Teile der Iberischen Halbinsel, doch an kaum einem Ort ist sie so präsent wie in der Altstadt von Palma de Mallorca. Der ursprünglich direkt am Meer gelegene Almudaina-Palast ist eindrucksvolles Zeugnis arabischer Baukunst und zusammen mit der Kathedrale La Seu das von weitem sichtbare Wahrzeichen der Stadt. Auch andere Stadthäuser und -paläste, die Arabischen Bäder (*Banys Arabs*) und nicht zuletzt die verwinkelte Anlage der Stadt legen noch heute Zeugnis ab von der bis ins 13. Jahrhundert währenden maurischen Herrschaft.

Das Stadtpalais von Rodolfo Schmidt Zagert und seiner Frau Sandra Portelli befindet sich in unmittelbarer Nähe der Kathedrale und des Almudaina-Palastes, der als offizielle Residenz von König Juan Carlos und seiner Familie dient. Der Estudio General ist ein perfektes Spiegelbild der bewegten politischen und kulturellen Geschichte der Stadt, die bis Anfang des 18. Jahrhunderts schlicht Ciudad hieß. Des maurischen Erbes wird der Besucher schon beim Eintreten gewahr, denn links des Portals weisen mehrere erhaltene Rundbögen auf die arabischen Ursprünge des Gebäudes hin. Hat sich das schwere, 400 Jahre alte Holztor geöffnet und ist die hohe Schwelle überschritten, beginnt ein Erlebnis der besonderen Art. Rechter Hand führt eine Glastür zum Architekturbüro, geradeaus erschließt eine steil ansteigende Steintreppe das Obergeschoß mit dem Arbeitszimmer von Rodolfo Schmidt Zagert. Weiter oben sind zwei weitere Appartements untergebracht. Wendet man sich hinter dem Eingang nach links, öffnet sich der Blick auf einen Patio mit steinernem Ziehbrunnen, in dem die Außenwelt weit entfernt und die Vergangenheit gegenwärtig scheint.

Wie das in seinem Kern großenteils auf die Gotik und die Renaissance zurückgehende Äußere, so zeugt auch das Innere des Hauses von größter gestalterischer Sorgfalt. Im Rundbogengewölbe des etwas abgesenkten Souterrains sind die Küche, das sehr stimmungsvolle Eßzimmer und das Atelier des Hausherrn untergebracht. Rodolfo Schmidt Zagert ist nicht nur Architekt, sondern auch Kunstmaler. Beide Ausbildungen hat er in Buenos Aires begonnen und später in Bremen fortgesetzt. Der 1950 im argentinischen El Dorado geborene Künstler kann mittlerweile auf eine Vielzahl von Einzelausstellungen, unter anderem in Buenos Aires, Bremen (Kunsthalle), Hamburg, Köln, Santiago de Chile, New York und natürlich Mallorca zurückblicken. Seine meist großformatigen, in verschiedenen Mischtechniken entstandenen Werke strahlen eine hohe Intensität aus. Diese Kunst ist nicht eingängig, sondern besitzt die nötige Tiefe und Qualität, um zur dauerhaften Auseinandersetzung herauszufordern. Sandra Portelli, die als Journalistin für verschiedene Fernsehstationen tätig ist, versucht, die mallorquinische Kultur im Ausland differenziert und ihrer Bedeutung angemessen darzustellen. Das Wiederkäu-

**Der Patio mit der gotischen Treppe heute und vor der Renovierung.**

Ein Stadtpalais in Palma de Mallorca

Diese Mauer entstand wohl in der Zeit der maurischen Herrschaft, vor über 900 Jahren

»Bei den Bauarbeiten stieß man auf Funde aus römischer Zeit«

Ein Stadtpalais in Palma de Mallorca

en angestaubter Klischees ist nicht ihre Sache, dafür aber die sensible Beschreibung der hier lebenden Menschen und ihrer Geschichte.

Die künstlerische Begabung, die Kreativität und Sensibilität von Rodolfo und Sandra sind in jedem Winkel des Hauses spürbar. Diese Sensibilität erstreckt sich auch auf die gesamte Renovierungsplanung, die stets auf die Bewahrung der denkmalpflegerisch wertvollen Substanz hin ausgerichtet war. Außer für die maurischen Bögen, die wieder freigelegten gotischen Fensterlaibungen und die ebenfalls gotische Treppe im Patio galt dies nicht zuletzt für die verschiedenen archäologischen Funde aus römischer, arabischer und christlicher Zeit, die bei den Bauarbeiten zutage gefördert wurden. Im Eingangsbereich beim Büro stieß man auf einen Brunnen, bei dem es sich nach der Ansicht der Archäologen um den einzigen Gemeinschaftsbrunnen der römischen Stadt handelte. Die Gasse vor dem Haus war in römischer Zeit die Prachtstraße der Stadt. Ebenfalls römischen Ursprungs ist wohl auch eine Küchenwand im Souterrain, das Gewölbe des Souterrains als solches stammt aus der Zeit um 1570. Die Mauer zur Straßenseite dürfte in ihrem unteren Abschnitt auf das 11. Jahrhundert, also die Zeit der arabischen Herrschaft, zurückgehen.

Die überragende Renovierung des Estudio General wurde mit dem höchsten Sanierungspreis der Stadt Palma (*Premio Ciutad de Palma*) 1999 ausgezeichnet. Vor dieser hochverdienten Auszeichnung standen allerdings eine sorgfältige Planung und Monate harter Renovierungsarbeit. Beinahe hätte die wunderbare Verwandlung

Oben: **Die Ostecke des Innenhofs mit dem alten Ziehbrunnen vor und nach der Renovierung.**
Rechte Seite: **Das Rundbogengewölbe des Souterrains bildet eine stimmungsvolle Kulisse für das Atelier von Rodolfo Schmidt Zagert. Das Frauenbildnis trägt den Titel „Mauerblümchen" (Acryl auf Leinwand, 1992).**

des alten Stadtpalais gar nicht stattgefunden. Die Argentinierin Sandra und der Deutsch-Argentinier Rodolfo waren zu Studium und Arbeit für einige Jahre in die Hansestadt Bremen verschlagen worden. Auf der Suche nach einer wärmeren, spanischsprachigen Lebensumwelt im europäischen Raum fühlten sich die beiden in Palma de Mallorca sofort wohl. Nach einem Kurzaufenthalt im Jahr 1991 war der Entschluß gefaßt, sich hier und nirgends sonst niederzulassen. Bereits einige Monate später übersiedelten Sandra und Rodolfo nach Palma, hatten aber anfangs ein anderes, weit kleineres und weniger reizvolles Anwesen im Blick. Durch einen Freund eher zufällig auf das alte Herrenhaus Ca'n Sastre (Haus des Schneiders) in der Carrer Estudio General – bei der ersten mittelalterlichen Universität von Palma – aufmerksam gemacht, wurde aus Interesse sehr schnell Liebe. Nach einer Bestandsuntersuchung erwarb man das Anwesen im Jahr 1995.

Das traditionsreiche Gebäude hielt eine Reihe von schwierigen Aufgaben bereit. So mußten wegen der geringen Deckenhöhen im Kellergeschoß die Böden abgesenkt und die Mauern unterfangen werden. Sämtliche gotischen Fensterlaibungen waren bis auf Stummelreste zerstört und daher komplett zu restaurieren.

Die schadhaften Partien an den Fassaden wurden mit den auch ursprünglich verwendeten, mittlerweile berühmten mallorquinischen Marés-Steinen ausgebessert. Wegen ihrer besonderen Härte griff man auf Vorkommen aus der Gegend bei Santanyi zurück. Ein besonderes Anliegen der Denkmalschutzbehörden war die Restau-

Das Gewölbe im Souterrain vor der Renovierung.

»Die Bauherren gaben dem Haus eine neue Seele«

Tafel mit traditionellen mallorquinischen Speisen im Souterrain (Tisch: El Viejo Almacén; Stühle: Schlosser Mario und Pedro Marin; Kerzenleuchter: Mans de Mallorca).

**Ein stimmungsvoller Ort der Entspannung – das Wohnzimmer im Zwischengeschoß. Über dem vom Hausherrn entworfenen Kamin eine Bleistiftzeichnung von Pablo Picasso.**

rierung der wertvollen Holzkassettendecke im Wohnzimmer des Zwischengeschosses. Die vorhandenen Grundrisse blieben soweit als möglich erhalten. Lediglich dort, wo vor der Renovierung allzu verwirkelte und kleine Räume keine vernünftige Wohnnutzung erlaubten, beispielsweise im heutigen Eßzimmer des Souterrains und im großen Schlafzimmer des Zwischengeschosses, wurden Wände entfernt. Im nordöstlichen Teil des Zwischengeschosses entstanden aus ursprünglich drei Räumen das große Wohnzimmer, ein zusätzlicher Schlafraum und die Gästebäder. Bewußt sind alle Räume auf den Innenhof hin orientiert. Die Räume im Zwischengeschoß werden durch eine separate Außentreppe vom Patio aus erschlossen, die wohl im 19. Jahrhundert angefügt worden war. Nur selten rufen ein Gebäude und eine Renovierung solch vorbehaltlose Bewunderung hervor wie in diesem Fall. Rodolfo Schmidt Zagert und Sandra Portelli haben ihr ganzes Herzblut und ihren Sachverstand in die Gestaltung und Einrichtung dieses Hauses investiert, sie haben ihm wieder eine Seele gegeben. Vielleicht ist dies der Grund dafür, daß man am liebsten ewig hier verweilen möchte.

Ein Sonnenstrahl trifft den Sitzplatz im Patio (Korbmöbel: Gunter Lambert über Projects).

# Ein Stadtpalais in Palma de Mallorca
## Die Seele des Architekten

### Erbauungszeit
im Kern teilweise 11. bis 13. Jahrhundert, sonst um 1575 und verschiedene spätere Veränderungen

### Dauer der Renovierung
1996/97 (13 Monate)

### Grundstücksgröße
290 m$^2$

### Anzahl der Bewohner
2 im eigenen Wohntrakt, 3 in den Appartements (sowie Architekturbüro mit 6 Mitarbeitern)

### Wohn- und Nutzfläche
737 m$^2$ gesamt, davon 264 m$^2$ eigene Wohnfläche,
316 m$^2$ Appartements, 114 m$^2$ Büro

### Zuschüsse
60% der Renovierungskosten für die Fassade (Stadt Palma), 50% der Renovierungskosten für den Innenhof (Fassadenprogramm), 15% für den Innenumbau (Provinzregierung).

### Architekt und Eigentümer
Rodolfo Schmidt Zagert und Sandra Portelli, C. Estudio General 4, E-07001 Palma de Mallorca, Telefon: (0034-971) 71 21 46

### Handwerksbetriebe und Baumaterial
**Restaurator**
Cinc, Mauricio Garcia, C. Pelleteria 11b, E-07001 Palma de Mallorca, Telefon: (0034-971) 71 93 01

**Baufirma**
Pollen S. A., José A. Encinas, Telefon: (0034-971) 53 23 52

**Marmor**
Calizas Mallorca S. A., Gran Via Asima 7, Poligono Son Castello, E-07009 Palma de Mallorca, Telefon: (0034-971) 43 22 10

**Tonfliesen Wohnzimmer**
Ideas Ceramica, C. Pau 16, E-07012 Palma de Mallorca, Telefon: (971) 24 24 53

**Schreinerarbeiten**
Antonio Fernandez, C. Canonigo Payeras 48, 1° Piso, E-07003 Inca, Telefon: (0034-971) 50 29 60

**Schlosserarbeiten und Schmied (Gittertor zum Patio)**
Toni Costa, Sineu, Telefon: (0034-971) 52 08 13 (Design Gittertor: Rodolfo Schmidt Zagert, Maler: Mauricio Garcia)

**Malerarbeiten**
Pintores Reussaser, Cami dels Reis 209, Poligono Can Valero, E-Palma de Mallorca, Telefon: (0034-971) 75 10 25

### Einrichtung und Dekoration
Decagono, Luis Petri, C. Andrea Doria 10, E-07014 Palma de Mallorca

Mans de Mallorca, C. Deganat 4, E-07001 Palma de Mallorca

Pedro Marin, Telefon: (0034-971) 20 92 25

Mario (Schlosser), Telefon: (0034-639) 60 31 45

Projects, Gerd Hundemer, C. Isac Peral 8, E-07157 Port d'Andratx, Telefon: (0034-971) 67 42 98

Paco Terra, C. San Jaime 4, E-07012 Palma de Mallorca, Telefon: (0034-971) 71 11 50

El Viejo Almacen, Antiquitäten, Costa de Sa Creu 20, E-07012 Palma de Mallorca, Telefon: (0034-971) 72 09 61

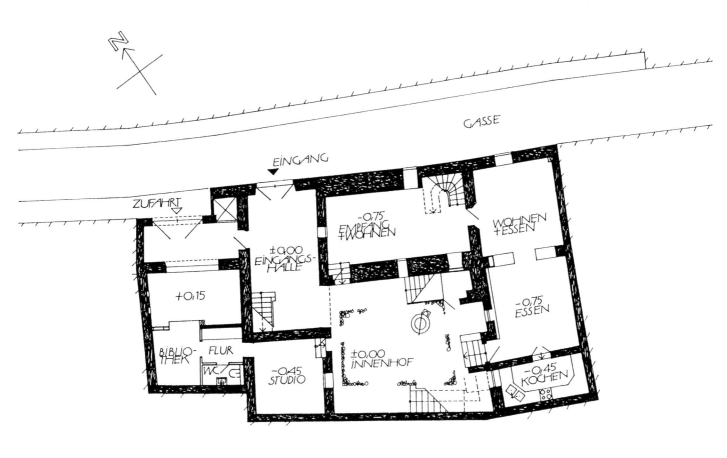

ERDGESCHOSS
+ RÄUME IM SOUTERRAIN
NACH UMBAU

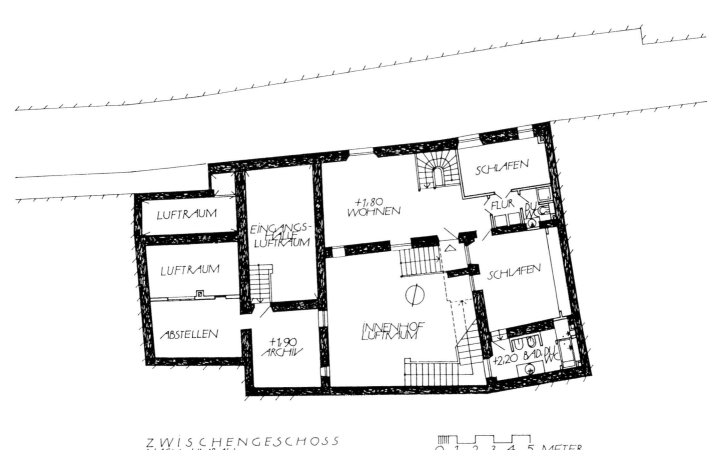

ZWISCHENGESCHOSS
NACH UMBAU

Ein Stadtpalais in Palma de Mallorca

## Eine Finca in der Serra Tramuntana
# Landsitz im Naturparadies

**Rosmarin- und Lavendelpflanzungen verschmelzen die Finca mit der Landschaft.**

Die nordöstlichen Ausläufer der Serra Tramuntana, Mallorcas westlichem Küstengebirge, gehören wohl zu den schönsten Gebieten der an landschaftlichen Schätzen reichen Insel. Schon die Römer ließen sich in dieser Gegend nieder, wo sie im Jahre 123 v. Chr. den alten Ort Pollentia (das heutige Alcúdia) gründeten. Viele der hier gelegenen großen Ländereien *(fincas)* wurden in neuerer Zeit nicht mehr bewirtschaftet und liegen brach. Auch die zugehörigen Gebäude standen leer und warteten auf verständige Käufer. Im Falle der Finca Ca'n Prats währte der Zustand der Agonie zehn Jahre, bis sich 1993 eine Kölner Familie in das Anwesen „verliebte". Anfangs hatte man allerdings nach etwas ganz anderem gesucht. Nach der zunehmend frustrierenden Besichtigung zahlreicher neuerer Häuser, die weder gestalterisch noch finanziell akzeptabel und teils ebenfalls schon sanierungsbedürftig waren, bekam man über einen Makler die alte Finca mit ihren mehr als 300 000 m² Land angeboten. Obwohl ursprünglich nicht im Traum daran gedacht war, etwas in dieser Größenordnung zu erwerben, gab die faszinierende Lage des Anwesens den Ausschlag für den Kauf. Bei den Vorbesitzern handelte es sich um vier ältere Herrschaften, die den Besitz von ihrem Onkel geerbt hatten und sich nicht in der Lage sahen, diesen zu bewirtschaften. Unter den neuen Besitzern erwachte nun die Finca zu neuem Leben. Noch im Jahr des Kaufs wurde der in Palma ansässige Architekt Rodolfo Schmidt Zagert mit der Renovierungsplanung betraut. Der Architekt überwachte während der Renovierungsphase die Bauarbeiten. Die Besitzer flogen etwa alle zwei Wochen

Oben: **Finca vor Berglandschaft: Ausblick auf die Serra Tramuntana.**
Unten: **Schnell gelangt man vom Wohnzimmer auf die Terrasse mit dem** *porche*.

nach Mallorca, um sich mit ihm zu besprechen und den Baufortgang zu verfolgen.

Die ehemalige, um 1870 erbaute Ölmühle war stark in Mitleidenschaft gezogen, aber glücklicherweise noch keine Ruine. Die Außenmauern wiesen allerdings schwerere Schäden auf und mußten durch neues Mauerwerk ergänzt werden, wobei ausnahmslos der originale Kalkstein verwendet wurde. Das Baumaterial stammt teils von abgetragenen Nebengebäuden, teils wurde es vom Feld gelesen. Das Mauerwerk des Haupttrakts war dagegen weitgehend intakt. Die Gestalt der vorgefundenen Gebäude blieb im großen und ganzen bestehen.

Aufgrund des vorhandenen umbauten Raums von ca. 1500 m³ wäre eine über den Bestand hinausgehende Erweiterung durch zusätzliche Anbauten auch gar nicht genehmigungsfähig gewesen. Die Fassadenfront des westlichsten und gleichzeitig höchsten Trakts der Finca war großenteils noch mit Putz versehen, bei den östlich anschließenden Gebäudeteilen lag unverputztes Natursteinmauerwerk vor. Durch die völlige Entfernung des Verputzes erhielt die Eingangsfassade ein einheitliches Aussehen. Die wohl zu Beginn des 20. Jahrhunderts an die Eingangsfront angefügte Pergola in Beton-Stein-Konstruktion wurde entfernt, da durch sie Wärme- und Feuchtebrücken zum Mauerwerk entstanden waren. Aus dem rückseits vorhandenen Geräteschuppen entstand das heutige Wohnzimmer, der östlich angebaute Eselstall dient nach der Renovierung als Gästehaus. In dem ehemaligen Stallgebäude links der Hofeinfahrt wohnt das Verwalterehepaar.

Die Fassadeneinteilung des Hauptgebäudes behielt man grundsätzlich bei, verlieh aber der Finca durch die Veränderung einiger etwas willkürlich angeordneter Fensteröffnungen größere Einheitlichkeit und gab der Fassade so eine ruhigere Gestalt. Gleichzeitig verbesserte sich hierdurch die Belichtung der Innenräume erheblich. Das Eingangsportal entspricht dem vorgefundenen Zustand. Alle Fenster, Türen und Klappläden mußten wegen des schlechten Zustands der vorgefundenen

Vom lavendelumwachsenen Gästehaus geht es direkt in die grüne Naturlandschaft.

Teile erneuert werden. Auch die meisten Holzbalkendecken und die Böden sind neuen Datums. Dagegen konnten die meisten vorhandenen Innenwände erhalten werden. Die Grundrisse blieben großenteils bestehen. Im Erdgeschoß wurden in erster Linie das Wohnzimmer vergrößert und die beiden Räume im Nordosten zu einer großen Küche verbunden, im ersten Obergeschoß die Schlafräume neu abgeteilt. Bäder und sanitäre Einrichtungen mußten (bis auf ein vorhandenes Bad) sämtlich neu eingebaut werden.

Für die Gestaltung der Innenräume zeichneten Rodolfo Schmidt Zagert und der Kölner Innenarchitekt Hans Vieth gemeinsam verantwortlich. Auf Vieths Entwürfe, die in unzähligen Gesprächen mit der Hausherrin diskutiert und festgelegt wurden, gehen unter anderem die Marmor-Bodenbeläge mit den kunstvollen Intarsienmustern, die Türen und Einbauschränke, die Bibliothek und die gesamte Einrichtungsplanung zurück.

Das große Wohnzimmer schließt die Anlage nach Nordwesten ab. Die Einrichtungsgestaltung stammt von Hans Vieth.
Rechte Seite: **Der atemberaubende Badeplatz bietet einen guten Ausblick auf die umgebende Landschaft.**

Die Ausstrahlung und Bedeutung des einzigartigen Gebäudes werden durch seine fast schon magisch zu nennende Umgebung noch verstärkt. Die Besitzer unternehmen oft weite Spaziergänge über die Ländereien mit ihren zahlreichen Wiesen, Wäldern und besonderen Pflanzen. Die Natur liefert auch wertvolle Essenszutaten, so etwa pfifferlingartige Waldpilze, wildwachsende Artischocken und wilden Spargel. Was Wälder und Felder nicht an Schätzen bergen, wird im neu angelegten Nutzgarten direkt beim Haus angebaut. Im übrigen ist die Finca von einem neu geplanten Landschaftsgarten umgeben, den mediterrane Stauden wie Lavendel und Rosmarin sowie Oliven-, Orangen- und Zitronenbäume dominieren. Der auf dem Vorplatz vor dem Haus wachsende Mandarinenbaum ist eine uralte Inselsorte, die es heute gar nicht mehr zu kaufen gibt.

Die Besitzer begnügten sich nun aber nicht mit der Gestaltung des unmittelbaren Umfelds, sondern begannen damit, die traditionelle Kulturlandschaft der Finca wiederherzustellen. Die zahlreich vorhandenen Mandel- und Johannisbrotbäume ebenso wie die Feigenbüsche erhalten wieder regelmäßigen Schnitt und Pflege, brachliegende Böden wurden mit Weinreben, Granatapfelbäumen, Kakis und anderen Nutzgewächsen bepflanzt, die verfallenden Natursteinmauern (auf mallorquín *marges* genannt) wiederaufgebaut und somit die Geländeterrassen gesichert. Ebenso wie die Rekultivierung des Landes stand auch die Renovierung des Gebäudes unter der Prämisse, sich den vorgefundenen Gütern mit viel Respekt zu nähren und hauptsächlich ihre verlorengegangenen Qualitäten wieder zur Geltung zu bringen. Den Besitzern wie auch dem Architekten ging es nicht darum, nach außen etwas zur Schau zu stellen oder historisierenden Zierat hinzuzufügen. Wie das Äußere die Naturlandschaft, so spiegelt das Innere des Hauses das Stilgefühl seiner Bewohner.

**Erbauungszeit**
um 1870
**Dauer der Renovierung**
1993/94
**Grundstücksgröße**
300 000 m$^2$
**Anzahl der Bewohner**
2 (plus Hausmeisterehepaar in der Dépendance und gelegentliche Gäste)
**Wohn- und Nutzfläche**
700 m$^2$
**Kosten gesamt (inklusive Grundstück, Renovierung und Inneneinrichtung)**
6 000 000 DM

**Architekt**
Rodolfo Schmidt Zagert, C. Estudio General 4, E-07001 Palma de Mallorca, Telefon: (0034 971) 71 21 46
**Innenarchitekt**
Hans Vieth, Lebens-Art-Einrichtungsdesign, Gustavstr. 9-11, D-50937 Köln (Sülz)

Die Finca Ca'n Prats, von Nordwesten betrachtet.

# Eine Finca in der Serra Tramuntana
## Landsitz im Naturparadies

**Handwerksbetriebe und Baumaterial**

Baufirma

Masterconst S. L., C. José Alemany Vich 6, E-07010 Palma de Mallorca,
Telefon: (0034-971) 29 00 91

Schreinerarbeiten

Tatoli S. L., C. Juan Vives Rotger S/N,
E-07460 Pollenca,
Telefon: (0034-971) 53 25 39

Einrichtung und Dekoration

Antiquitäten Ralph Kessler,
Mendelssohnstraße 15 e,
D-22761 Hamburg

Projects, Gerd Hundemer, C. Isac Peral 8,
E-07157 Port d'Andratx,
Telefon: (0034-971) 67 42 98

Holger Stewen, C. Aljub 22,
E-07650 Santanyi, Mallorca
Unicorn, Ctra. Palma-Arta, Manacor

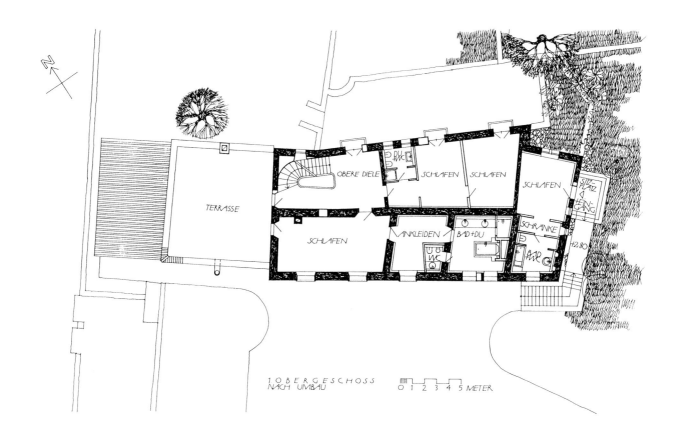

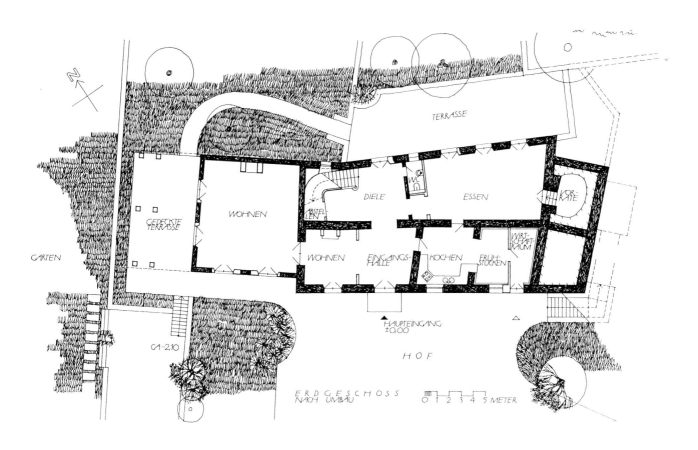

Eine Finca in der Serra Tramuntana

Oben und rechte Seite: **Einfach mit Stil:** Rückansicht des Dorfhauses vom Gartenhof während und nach der Renovierung.

Ein Dorfhaus in Mallorcas Mitte
# Kleines Gebäude mit viel Persönlichkeit

Das Leben im Dorf zieht immer mehr Menschen an, denn es bietet gleichzeitig die Vorteile des Lebens in der Stadt und des Lebens in der Abgeschiedenheit. Man ist Teil der dörflichen Gemeinschaft, findet alle notwendigen Einrichtungen für den täglichen Bedarf vor und vermeidet doch Hektik, Lärm und weite Wege. Dorfhäuser bieten in manchen Fällen sogar Platz zur Anlage stimmungsvoller Gärten. Gegenüber freistehenden Fincas und Stadthäusern bestehen zudem nach wie vor Kostenvorteile beim Erwerb, auch wenn das Interesse an alten Dorfhäusern – nicht nur auf Mallorca – in den letzten Jahren stark zugenommen hat.

Auch das hier vorgestellte Haus im Herzen Mallorcas besitzt alle genannten Vorzüge. Die ruhige, mit Kalksteinplatten gepflasterte Gasse vor dem Haus führt direkt zur imposanten Dorfkirche aus dem 13. Jahrhundert und zum Hauptplatz mit seinen Cafés und Geschäften. Trotz des ruhigen und angenehmen Umfelds war jedoch das Haus von seinen heutigen Eigentümern zunächst einmal verschmäht worden. Bei der ersten Besichtigung erschien es als zu klein und nicht reizvoll genug. Die im weiteren besichtigten unzähligen Anwesen, darunter auch ein ehemaliges Mühlengebäude bei Alaró, erwiesen sich dann aber als teils so überteuert, teils in so schlechtem Zustand, daß man wieder zu dem kleinen Dorfhaus zurückfand und es schließlich im März 1994 erwarb. Der vorgefundene Bauzustand erlaubte es den Eigentümern, durch das Schlüsselloch der Haustür direkt auf die sich im Westen erhebenden Berge zu sehen – ein wundervoller Blick, der letztlich den Ausschlag für die Kaufentscheidung gab.

**Das Studio im Obergeschoß wird gerne als Rückzugsort genutzt. An der zurückgesetzten Wand ein Gemälde von Rodolfo Schmidt Zagert („Teil aller Teile", 1992).**

Ansonsten waren die meisten Decken heruntergebrochen, das Dach demgegenüber noch vergleichsweise intakt. Vom östlichen Haupteingang führte ein Eselpfad durch das ganze Haus bis hinunter in den Garten. Ursprünglich war das Grundstück wohl einmal Teil einer großen Finca, die im Laufe der Zeit in immer kleinere Parzellen aufgeteilt wurde. Hierauf deutet auch eine vorgefundene Regenwasserzisterne mit ungewöhnlich großem Fassungsvermögen (ca. 100 000 Liter) hin. Während der etwa ein Jahr dauernden Haussuche hatte man den Architekten Rodolfo Schmidt Zagert kennengelernt, der dann das Renovierungsvorhaben plante und zusammen mit einem Bauunternehmer ausführte. Nicht zuletzt aufgrund ihrer häufigen berufsbedingten Abwesenheit waren die Eigentümer sehr froh darüber, daß ihr Architekt die Bauarbeiten äußerst gewissenhaft überwachte und oft auf der Baustelle präsent war.

Die Hanglage des Hauses wurde bei der Renovierung dadurch betont, daß man im Erdgeschoß drei unterschiedliche Höhenstufen schuf und dadurch den ursprünglichen Zustand wiederherstellte. Trotz des nicht allzu guten Bestands konnten die Rundbogendurchgänge aus dem inseltypi-

Ein beliebter Aufenthaltsplatz ist dieser Bereich unter dem *porche*, gleich beim alten Brunnen.

schen Marés-Stein und die mit Tonplatten belegte Treppe zwischen Erdgeschoß und Obergeschoß erhalten und restauriert werden. Die Treppe erhielt ein schmiedeeisernes Geländer. Die alten Bodenfliesen im Erdgeschoß entdeckten die Besitzer bei einem Antiquitätenhändler. Pedro Carillo sorgte dafür, daß die unterschiedlichen Formen auf traditionelle mallorquinische Art verlegt wurden und die durch das Alter bedingten Farbschattierungen voll zur Geltung kommen. Im Obergeschoß wurden demgegenüber neu hergestellte Tonfliesen verwendet. Das Dach auf der Rückseite des Hauses wurde angehoben, um die zur Belichtung des Obergeschosses notwendigen Fenster einbauen zu können. Auf der Gartenseite kam ein Vordachanbau *(porche)* für den dortigen Sitzplatz hinzu.

In der ebenfalls von Grund auf neu konzipierten Gestaltung des Gartens setzt sich die stufige Gliederung fort. Von der wunderschönen Panoramaterrasse führt eine steinerne Treppe hinunter zur Gartenterrasse – eine höchst gelungene, stark von der maurischen Gartentradition beeinflußte Anlage. Vom Nachbargrundstück breitet ein Mandarinenbaum seine Zweige über der Natursteinmauer aus. Insbesondere von oben betrachtet, kommt der große Mispelbaum mit seinen dunkelgrünen Blättern vor dem weißen Steinbelag aus Bruchplatten bestmöglich zur Geltung. Die Blickperspektiven werden durch steinerne Säulen betont. Links und rechts der Hauptachse sind rechteckige Pflanzbeete mit mediterranen Stauden und Gewürzpflanzen angelegt. Ähnliche Motive finden sich auch in den Gärten von Palmas Arabischen Bädern.

**Atmosphäre in Schmiedeeisen: Kerzenleuchter und Tisch wurden getrennt und bilden nun gemeinsam den Blickfang des Wohnzimmers.**

»Kunst, Antiquitäten, Behaglichkeit«

Ein Dorfhaus in Mallorcas Mitte

Links: **Durchblick vom Eingangsbereich zum Hinterausgang**.

Aus dem kleinen, baufälligen Haus mit dem verwilderten Garten ist heute eine großartige, dabei aber keineswegs übertriebene Gesamtanlage mit einmaliger Atmosphäre geworden. Den begrenzten Raum haben die Eigentümer bestmöglich genutzt und mit Stücken unterschiedlicher Herkunft eingerichtet, dabei aber stets einen mediterranen Zauber entstehen lassen. Während das dem Eingang benachbarte Eßzimmer bewußt kühl gestaltet und sparsam möbliert ist, erzeugen im Wohnzimmer Holz, Korbmöbel und schmiedeeiserne Kerzenleuchter eine sehr warme Atmosphäre. Das Obergeschoß dominieren Gemälde von Rodolfo Schmidt Zagert und dem ebenfalls auf Mallorca ansässigen Künstler Alfred Lichter, ein Wandteppich und eine Holzbank. Es ist dem Haus an jedem Stein anzumerken, wie wohl sich seine Besitzer hier fühlen und wieviel Persönlichkeit sie zusammen mit dem Architekten investiert haben.

Im unteren Garten: Geometrisch angelegte Beete, Säulen und Gefäße gliedern die Anlage.

# Ein Dorfhaus in Mallorcas Mitte
## Kleines Gebäude mit viel Persönlichkeit

**Erbauungszeit**
wahrscheinlich 18. Jahrhundert

**Dauer der Renovierung**
1994/95 (acht Monate)

**Grundstücksgröße**
416 m$^2$

**Anzahl der Bewohner**
2

**Wohn- und Nutzfläche**
196 m$^2$

**Architekt**
Rodolfo Schmidt Zagert, C. Estudio General 4, E-07001 Palma de Mallorca
Telefon: (0034-971) 71 21 46

**Handwerksbetriebe**
**Bauunternehmer**
Pedro Carillo Samblas, C. Lagunas de Ruidera 11, 3° Piso -A-Son Rapinya,
Telefon: (0034-971) 79 26 37

**Schreinerarbeiten**
Miguel Coll, Carpinteria, C. Montana 9a, E-07330 Consell,
Telefon: (0034-971) 62 24 64

**Schreinerarbeiten an den Außentüren**
Estelrich & Estelrich, Santa Margarita

**Schmiedearbeiten**
Hermanos Santana, Consell

**Korbmöbel**
Coconut Company, Manacor

Ein Dorfhaus in Mallorcas Mitte

Ein Stadthaus im Herzen von Palma
# Traumblick auf die Buch

**Die Kirche Santa Clara besitzt einen noch aus maurischer Zeit stammenden Glockenturm.**

Nachdem die meisten Menschen in der Vergangenheit den „Traum von der Insel" in Form einer ländlichen Finca verwirklichen wollten, ist seit einigen Jahren eine Entwicklung hin zum Wohnen in der Stadt festzustellen. Dabei muß es gar nicht immer ein Stadtpalast mit über tausendjähriger Geschichte sein. Auch ein einfacheres Wohnhaus kann zu einem sehr reizvollen Domizil werden. Allerdings sollte „einfach" nicht automatisch gleichgesetzt werden mit „günstig". Während sich noch vor wenigen Jahren kaum jemand für ein Haus in Palma interessiert hat, ist die Altstadt heute fast zu einer Dauerbaustelle geworden. Altstadthäuser mit 200 Quadratmetern Wohnfläche (in der Regel verteilt auf mehrere Stockwerke) kosten heute in unrenoviertem Zustand um 500 000 DM. Nicht zuletzt angesichts dieser Entwicklung ist es besonders wichtig, ein gutes Verhältnis mit den Nachbarn – oft alteingesessenen und sehr einflußreichen Familien Mallorcas – zu pflegen. Die Besitzer unseres Beispielanwesens achten ganz bewußt auf bescheidenes und sensibles Auftreten.

Das in der Umgebung der Kirche Santa Clara gelegene Wohn- und Handwerkerhaus entstand um 1910. Der Auftraggeber war damals die angesehene Familie Bosch, die ihre herrschaftliche Finca in Puig Punyent hat.

Das Erdgeschoß beherbergte eine Werkstatt – zuletzt eine Schneiderei –, die übrigen Ebenen dienten der Wohnnutzung. Im Verlauf des 20. Jahrhunderts war zur Erweiterung der Wohnfläche von den alten Besitzern ein zusätzliches Geschoß aufgestockt worden. Da sich hierdurch die Belichtung für den gegenüberliegenden

Ein Stadthaus im Herzen von Palma

Französische Bettlaken vom Antiquitätenhändler dienen als Eßzimmervorhänge. Die Stühle mit den weißen Hussen passen sich perfekt in das Gestaltungskonzept ein („Lord Yo", Design Philippe Starck).

Adelspalast empfindlich verschlechterte, waren dessen Bewohner darüber verständlicherweise etwas unglücklich. Bis Anfang der 1990er Jahre wurde das Gebäude von einer Großfamilie bewohnt. Allen vier Geschwistern und deren vielköpfigen Familien stand jeweils eine Etage zur Verfügung. Die etwa 60 Quadratmeter großen Wohnungen waren daher in bis zu neun kleine Zimmer unterteilt. Die Raumprobleme dürften noch dadurch vergrößert worden sein, daß der Grundriß des gesamten Gebäudes nicht rechteckig, sondern spitz zulaufend ist. Die „Tortenstück-Form" des Hauses begriffen die aus Hamburg stammenden neuen Eigentümer und der Architekt Rodolfo Schmidt Zagert als Chance für einfallsreiche planerische Lösungen. Aus Rücksicht auf die bestehende Substanz und aus Gründen des Denkmalschutzes verzichtete man darauf, die Grundform zu verändern. Zudem verleiht der ungewöhnliche Zuschnitt den Räumen einen Charme, der die Suche nach kreativen Lösungen gefördert hat. So wurden Küchenzeilen und Sofabänke nach der Renovierung eben in die vorhandenen spitzen Winkel eingepaßt.

Das Haus wurde von seinen heutigen Eigentümern 1995 erworben. Während die Wohnung im Erdgeschoß verkauft wurde, behielt man die darüberliegenden drei Geschosse für sich. Rodolfo Schmidt Zagert entwarf die Renovierungsplanung für das ganze Anwesen. Da das Gebäude

**Lichtspiele auf der Dachterrasse. Der ehemalige Abstellraum wird heute als zusätzlicher Wohnraum genutzt.**

bis zum Verkauf bewohnt gewesen war, waren die meisten Bauteile in einem recht guten Zustand. Diesem Umstand ist es auch zu danken, daß alle Außenfenster, alle Eingangstüren und auch die Innentüren erhalten werden konnten und nur überarbeitet zu werden brauchten. Um mehr Sonnenlicht in die Räume zu bekommen, wurden die Innentüren mit Füllungen aus Glas versehen. Zwar hätte man sich die kleinen, deutlich über Augenhöhe angeordneten Fenster zum Hof ein wenig größer gewünscht, jedoch war dies wegen der Auflagen des Denkmalschutzes nicht möglich. Durch die Beibehaltung der kleinen Fenster wurde gleichzeitig dafür Sorge getragen, daß die Innentemperaturen der Wohnung auch bei Hitze und Kälte ausgewogen sind und die Privatsphäre der übrigen Hofanlieger gewahrt bleibt.

Alle Installationsleitungen wurden in den Decken und Böden untergebracht, als Bodenbelag entschied man sich durchgehend für Tonplatten mallorquinischen Ursprungs. Die Treppe konnte einschließlich des Steinplattenbelags im Gebäude verbleiben, nur einige Stufen waren zu erneuern.

Allerdings erschwerte das enge Treppenhaus die Einrichtung der Zimmer: Größere Möbelstücke mußten mittels eines Kranwagens von außen über die Fenster hereingehoben werden.

Im wahrsten Sinne den Höhepunkt des Gebäudes bildet das oberste Geschoß, das

Terrassenimpression mit Tonkopf und *deck-chair*.

## »Schlicht und geschmackvoll«

neben einem kleinen Wohnzimmer und einem Waschraum vor allen Dingen eine sehr stimmungsvolle Panoramaterrasse bietet. Von hier oben genießt man einen unbeschreiblich schönen Blick zur Kirche Santa Clara und über die Altstadt auf die Bucht von Palma. Wie das gesamte Haus ist auch die Terrasse sowohl schlicht als auch geschmackvoll gestaltet und eingerichtet. Im Inneren dominieren Antiquitäten aus verschiedenen Ländern, die gekonnt durch moderne Elemente ergänzt wurden. Die hervorragende Einrichtungsplanung haben die Eigentümer selbst übernommen. Gemeinsam mit dem Architekten verhalfen sie dem einfachen alten Haus zu einer unauffälligen, sehr gelungenen Erneuerung, bei der es seine Würde bewahren konnte.

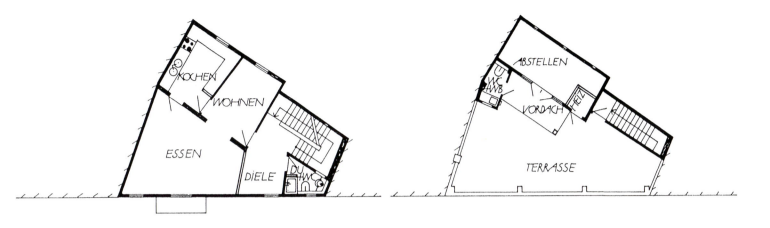

3. OBERGESCHOSS

DACHGESCHOSS

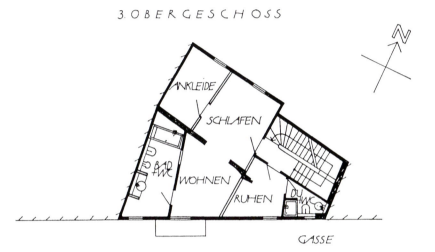

2. OBERGESCHOSS

GRUNDRISSE NACH UMBAU   0 1 2 3 4 5 METER

Erbauungszeit
um 1910

Dauer der Renovierung
1996/97 (9 Monate)

Grundstücksgröße
75 m²

Anzahl der Bewohner
2 bis 3 (obere Etagen), 1 (Wohnung im 1.OG)

Wohnfläche (obere Etagen)
140 m² zzgl. 50 m² Dachterrasse

Baukosten je m² Wohnfläche
1500,- DM

Baukosten gesamt
220 000,- DM

Architekt
Rodolfo Schmidt Zagert, C. Estudio
General 4, E-07001 Palma de Mallorca
Telefon: (0034-971) 71 21 46

Handwerksbetriebe
Generalunternehmer
Pedraforta, Telefon: (0034-971) 71 21 46

Einrichtungsadresse (Eßzimmerstühle)
Driade Service GmbH
Rosenthaler Straße 40/41
D-10178 Berlin
Telefon (030) 28 52 87-0
Telefax (030) 28 52 87-12

Ein Stadthaus im Herzen von Palma

Oben: **Hinter der Mauer verbirgt sich ein Paradies.**
Rechte Seite: **Mispeln, Palmen und Rosmarin säumen den Weg. Im Hintergrund ein Nachbaranwesen.**

Ein Stadthaus in Pollensa
# Wohnsitz in der Arena

Das ganz im Norden Mallorcas gelegene Städtchen Pollensa gilt vielen Kennern als nach Palma schönster Ort der Insel. Obgleich nicht identisch mit dem römischen Pollentia (Alcúdia), zeugen doch auch hier einige Spuren von seiner römischen Vergangenheit, so beispielsweise die einzige erhaltene römische Brücke Mallorcas. In der Zeit der maurischen Herrschaft war die Festung von Pollensa eine der wichtigsten Befestigungsanlagen und vor der Eroberung durch Jaime I. auch die letzte arabische Verteidigungsbastion. Im 13. und 14. Jahrhundert bildeten Stadt und Festung in der Auseinandersetzung mit Katalonien-Aragón ein Zentrum der königstreuen Partei. Neben dem Castell del Rei an der wildromantischen Felsenküste im Westen können der berühmte Kalvarienberg und der Puig de Maria als weitere Wahrzeichen der Stadt gelten. Zu

Oben und vorige Seite: **Die alte Arena ist heute ein verwunschenes, dabei sorgsam geplantes Pflanzenparadies, in dem sich immer wieder faszinierende Durchblicke auftun.**

Füßen des Kalvarienbergs erstreckt sich die weitläufige Altstadt mit ihren zahlreichen beschaulichen Plätzen und verwinkelten Gäßchen.

In einer Seitengasse liegt ganz versteckt ein wahrer Schatz, der von seinen deutschen Eigentümern und ihrem Architekten gehoben und mit neuem Glanz versehen wurde. Von der Hauptgasse aus betrachtet, erkennt man im Grunde nur das vorsichtig und mit viel Sachverstand renovierte alte Haus. Die dahinterliegende Anlage ist den Blicken wie seit ehedem durch eine hohe Mauer entzogen. Öffnet sich nun das Tor, betritt man ein weitläufiges Areal, das dem Garten Eden ein wenig Konkurrenz macht. Rechter Hand befindet sich der im landestypischen Stil ergänzte, sehr überzeugend gestaltete Neubau mit seinem malerischen Bogengang. Nach links schweift der Blick über einen traumhaften exotischen Park. Niemals käme der uneingeweihte Besucher auf den Gedanken, daß er sich hier inmitten einer Stierkampfarena befindet. Selbst der Großteil der Einheimischen weiß nichts mehr von deren Existenz. Nachforschungen im Ort förderten jedoch ein altes Foto von einer Stierkampfveranstaltung und eine völlig vergilbte Eintrittskarte von 1921 zutage.

Gerhard und Irma Kubisch kamen im Jahr 1990 aus Bremen nach Mallorca und leben seither ganz auf der Insel. Ihre Leidenschaft ist es, alte Häuser, selbst Ruinen, fachgerecht zu renovieren, einzurichten und mit ihnen zu leben. So hatten sie sich bereits eines inseltypischen Gebäudes in Petra angenommen, wo sie bis 1995 wohnten. Die Lust auf einen Orts-

## »Baden im Verborgenen«

wechsel und eine neue Erfahrung in anderer Umgebung führte das Ehepaar zu einem völlig verwahrlosten Brachareal in der Altstadt von Pollensa, ihrem heutigen Wohnsitz. Die steinernen Sitzreihen der Arena waren teils eingebrochen, alles war von dichtem Gestrüpp überwuchert. Dennoch erkannten Gerhard und Irma Kubisch die Qualität und den Reiz dieser Anlage. Zusammen mit dem Architekten machte man sich dann an die umfangreichen Renovierungsarbeiten. Die erhaltenen Mauern und Bauteile – etwa die alte Grotte für die Stiere – wurden fachkundig mit alten, unbehauenen Steinen restauriert, Sitzreihen wieder mit Platten aus Sandstein versehen und verschüttete Wege freigelegt oder ergänzt. Das ganze Areal wurde mit südländischen Pflanzen und Bäumen in eine grüne Oase verwandelt. Durch die Einfügung neuer Gestaltungselemente erhielt die alte Arena zusätzlichen Charme. Vielleicht das Prunkstück des gesamten Gartens ist der mit Azulejos geflieste Wasserlauf, der gekonnt die Abstufung der Sitzreihen aufnimmt. Über die Wassertreppe und die mit Natursteinplatten oder Feldsteinen belegten Wege breiten sich große Palmwedel und mit Orangen behangene Zweige. Um nicht zu lange auf das mediterrane Pflanzenparadies warten zu müssen, entschied man sich für bereits sehr große Pflanzen. Wandleuchten aus versetzt übereinander angeordneten Tonziegeln verleihen der Arena auch bei Nacht eine idyllische und gleichzeitig dezente Stimmung.
Den nächsten Schritt bildete der Erwerb eines kleinen angebauten Hauses vor dem Tor, das an das Grundstück der Arena

Folgende Seiten: **Die mit Azulejos geflieste Wassertreppe ist der Mittelpunkt der Gartenarena**.
Unten: **Von der Außentreppe direkt ins kühle Naß: Der nordseitige Patio birgt heute ein wunderschönes Schwimmbecken.**

**Die vor einigen Jahren noch verfallene und vergessene Arena mit ihren steinernen Sitzbänken wurde aufwendig umgestaltet, wirkt aber sehr natürlich.**
Rechte Seite: **Das Badezimmer im Obergeschoß gibt den Blick auf den mallorquinischen Himmel frei.**

angrenzt. Es dient heute als Gästehaus. In seinem Patio entstand ein stimmungsvolles Schwimmbecken, das den Eigentümern und ihren Freunden in der heißen Sommerzeit willkommene Abkühlung verschafft. Das Gebäude selbst war beim Erwerb in sehr schlechtem Zustand, die Dächer waren großenteils eingebrochen und auch die innenliegenden Wände, Decken und Böden in Mitleidenschaft gezogen. Abgesehen von den Außenmauern mußte sehr viel erneuert werden. Dessen ungeachtet hat das Haus nach der Renovierung seine traditionelle Einfachheit und damit sein Gesicht bewahrt. Zusammen mit dem neuen Anbau und dem weitläufigen mediterranen Park entstand hier etwas wahrhaft Einzigartiges. Wenn Gerhard und Irma Kubisch diesen Ort verlassen, werden sie Pollensa ein vorbildlich wiederhergestelltes Stück Kulturgeschichte übergeben können.

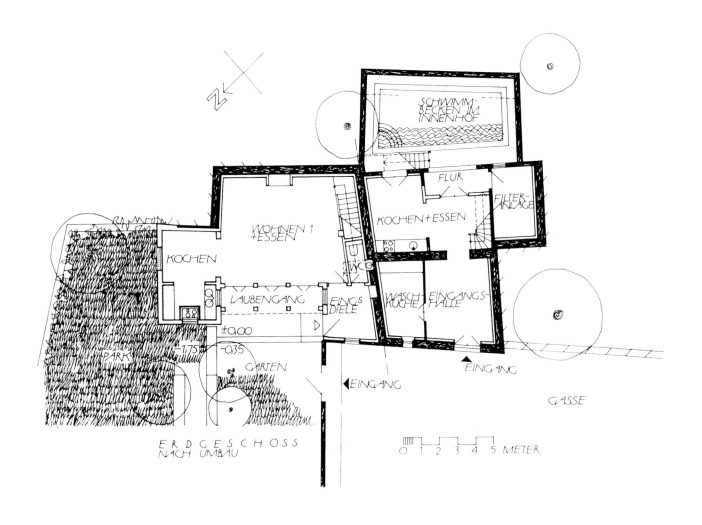

# Ein Stadthaus in Pollensa
## Wohnsitz in der Arena

| | |
|---|---|
| **Erbauungszeit (altes Haus)** | |
| circa 1840 | |
| **Dauer der Renovierung** | |
| 1994/95 (10 Monate) | |
| **Grundstücksgröße gesamt** | |
| 1100 m² | |
| **Anzahl der Bewohner** | |
| 2 | |
| **Wohnfläche Altbau** | |
| 116 m² | |
| **Wohnfläche Neubau** | |
| 165 m² | |

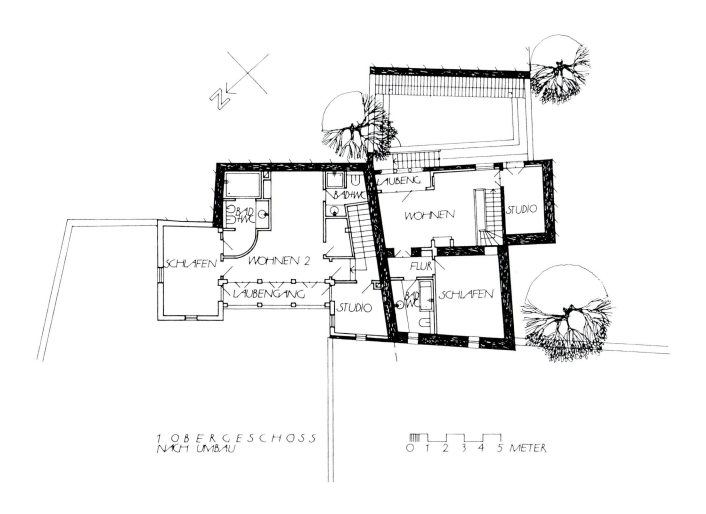

### Architekt
Rodolfo Schmidt Zagert, C. Estudio
General 4, E-07001 Palma de Mallorca,
Telefon: (0034-971) 71 21 46

### Generalunternehmer
Masterconst S. L., C. José Alemany Vich 6,
E-07010 Palma de Mallorca,
Telefon: (0034-971) 29 00 91

# Checkliste Renovierungsplanung
(zum Kopieren und Ausfüllen)

Diese Übersicht hilft potentiellen Hauskäufern zunächst, sich ganz allgemein über ihre Wünsche und ihre persönlichen Anforderungen an das mediterrane „Traumhaus" klarzuwerden. Ferner eignet sich die Checkliste dazu, ein ins Auge gefaßtes konkretes Objekt zu überprüfen. Die Renovierung läßt sich damit hinsichtlich der verschiedenen gestalterischen, bautechnischen und finanziellen Gesichtspunkte besser planen.

## Die Haussuche

### Welcher Raumbedarf liegt vor?

Wohnen: _____ m²     Arbeiten: _____ m²

Schlafen: _____ m²     Sonstiges: _____ m²

Küche: _____ m²     gesamt: _____ m²

Garten: _____ m²

### Anzahl der benötigten Räume

Funktion     Anforderungen (Raumgröße, Lage, Erschließung)

_____

_____

_____

_____

_____

### Welche Ansprüche bestehen hinsichtlich Bauform und Stilepoche?

_____

_____

### Welche räumlichen Erweiterungen oder Umbauten müssen möglich sein?

Art und Funktion der Erweiterung: _____

Flächenbedarf: _____

Zuständige Stelle für Bauvoranfrage (zur Abklärung der Genehmigungsfähigkeit): _____

### Welche Größe und Beschaffenheit hat das Grundstück?

Grundstück: _____ m², davon Garten: _____ m²

Soll das Grundstück eben sein ☐    oder am Hang liegen? ☐

Muß auf dem Grundstück zusätzlich Platz für bauliche Erweiterungen sein?    ☐ ja    ☐ nein

Falls ja, wieviel m² Baugrund zirka? _____ m²

Ist ein Anbau oder eine Zusatzbebauung genehmigungsfähig?    ☐ ja    ☐ nein

### In welcher Region und in welchem Umfeld soll sich das Haus befinden?

Land und Region, ggf. Stadt: _____

Kleinräumige Lage: Zentral in der Stadt, im vorstädtischen Bereich oder
in ländlicher Umgebung? _____

Erforderliche Verkehrsanbindung: _____

Erschließung (Wasser, Elektrizität usw): _____  Kosten: _____

davon vor Ort vorhanden: _____

nicht vorhanden, aber in Planung: _____

ggf. zu veranschlagende Gebühren (zu klären bei der Gemeinde): _____

Infrastruktur (z. B. Einkaufsmöglichkeiten, Cafés): _____

Sind in der Nähe laute Straßen, umweltbelastende oder lärmerzeugende Unternehmen oder Bewirtungsbetriebe vorhanden? _____

Sonstiges: _____

## Vorbereitung der Renovierung und Finanzkalkulation

### Welche fachkundigen Ansprechpartner (ggf. Name und Anschrift) sollen (müssen) vor dem Kauf konsultiert werden?

Baubehörde(n): _____

Kultur- und Denkmalämter: _____

Architekten: _____

Rechtsanwälte und Finanzberater: _____

Weitere: _____

### Welche verläßlichen, renovierungserfahrenen Architekten kommen in Frage?

### Wer kann bei der Suche nach dem Architekten weiterhelfen?
(z. B. Denkmalbehörden, private Denkmalschutzvereinigungen usw.)

Wenn ein Haus ins Auge gefaßt und der Architekt gefunden ist:

### In welchem Zustand befindet sich das Gebäude?

| Bauteil | Schaden | Maßnahme | Kosten etwa |
|---|---|---|---|
| | | | |
| | | | |
| | | | |
| | | | |

**Was kann selbst gemacht werden/wo können durch Eigenleistung Kosten gespart werden?**

_____
_____
_____
_____

**Welche Handwerksbetriebe kommen wegen ihrer Erfahrung mit der Renovierung alter Häuser in Betracht?**

_____
_____
_____
_____

### Kostenschätzung:

Kosten Erwerb (einschließlich Nebenkosten und Steuern): _____

Kosten Renovierung (einschließlich Architektenhonorar, Gebühr für Baugenehmigung, Erschließungsbeiträge usw): _____

ggf. Kosten für Ausbau/Erweiterung: _____

Kosten für Einrichtung: _____

Gesamtfinanzierungsbedarf: _____

### Zur Verfügung stehende Mittel:

Eigenkapital (Barmittel, Bausparverträge usw): _____

Baukredit: _____

ggf. Zuschüsse: _____

ggf. Steuervergünstigungen: _____

Weiteres: _____

Gesamtbetrag der zur Verfügung stehenden Mittel: _____

# Bauaufnahme und Untersuchungen

**Welche Vermessungsarbeiten sind durchzuführen? In welchem Umfang soll die Vermessung vorgenommen, in welchem Maßstab soll sie gezeichnet werden?**

_____
_____
_____

Maßstab: _____

**Welche Bauschadensuntersuchungen sind notwendig (z. B. Holzproben, Tragwerksuntersuchungen, statische Gutachten)?**

_____
_____
_____

Welche kunst-, bau- und kulturgeschichtlichen Nachforschungen bieten sich an (Raumbuch, Putz- und Farbgutachten usw.)?

## Denkmalpflegerische Zielvorgaben

Wie soll mit den denkmalpflegerisch/historisch wichtigen Bauteilen umgegangen werden? Welche können bewahrt oder restauriert werden?

Welche Bauteile müssen wegen irreparabler Schäden ersetzt werden?

Welche Wohn- und Nutzungsansprüche machen eine Anpassung des Bestands (z.B. Dachausbau) erforderlich, wie läßt sich dies mit größtmöglicher Sensibilität erreichen?

## Planung und Auftragsvergabe

Architekten: _____

Welche Pläne und Unterlagen müssen angefertigt werden?

| Planungsschritt | Zeitpunkt | abzustimmen mit | zu genehmigen von |
|---|---|---|---|
| Entwurf: | | | |
| Kostenschätzung: | | | |
| Finanzierungsplan: | | | |
| Genehmigungsplanung: | | | |
| Werkplanung: | | | |
| Weiteres: | | | |

Handwerksbetriebe: _____

Welche Gewerke werden benötigt? _____

Art und Umfang der konkreten Eigenleistung: _____

# Besonderheiten beim Immobilienkauf und Bauantrag in Italien, Frankreich und Spanien

## Italien

Die folgenden Ausführungen geben einen ersten Überblick über die in den einzelnen Ländern herrschenden Besonderheiten. Sie ersetzen jedoch nicht die Konsultation von Experten beziehungsweise der im Adreßverzeichnis genannten Beratungsorganisationen.

### Haussuche und Immobilienmakler

In Italien, insbesondere in Mittelitalien und der Toskana, kennen viele angehende Hausbesitzer bereits vor dem Kauf eines Hauses ihre Traumregion recht gut. Oft haben sie sogar dort lebende Freunde, die sie über zum Verkauf stehende, dem persönlichen Geschmack entsprechende Häuser informieren und auch den Kontakt zum Verkäufer herstellen können. Damit ist oft schon eine gute Vertrauensbasis gegeben. Ist dies nicht der Fall, können Immobilienmakler eingeschaltet werden. Im Unterschied zu Frankreich bestehen für Immobilienvermittler nur wenige Berufsbeschränkungen und Ausbildungsanforderungen, daher sind sorgfältige Vorerkundigungen besonders wichtig. Zunächst sollte der Makler bei der Maklerkammer oder Maklerrolle der jeweiligen Provinz, in Städten auch bei den *borsa immobiliare*, eingetragen sein, und zwar sowohl die Person als auch die Firma. Die Formulare ordnungsgemäß eingetragener Makler sind von den Handelskammern genehmigt. Langjährige Maklertätigkeit und Ortsansässigkeit sowie die Mitgliedschaft in seriösen Berufsdachverbänden sind positive Hinweise. Im übrigen hilft es oft weiter, sich nach den Erfahrungen anderer Hauskäufer zu erkundigen. Kreditinstitute betätigen sich in Italien nicht in der Vermittlung von Immobilien.

Die dem Makler im Erfolgsfall zu zahlende Provision, die ihm sowohl vom Käufer als auch vom Verkäufer zusteht, sollte vertraglich festgelegt werden. Es ist sehr zu empfehlen, die Provisionszahlung an den erfolgreichen Kaufabschluß zu binden, der mit der Zahlung des Kaufpreises und dem Übergang des Eigentums erfolgt. Für den Käufer liegt die Provision meist zwischen zwei und vier Prozent des Kaufpreises. Auskünfte über die regional übliche Provisionshöhe erteilen die jeweiligen Handelskammern. Der Kaufpreis oder Anzahlungen sollten nie an den Makler, sondern immer an den Verkäufer überwiesen werden.

### Kauf- und Finanzierungsabwicklung

Eine Finanzierung über Kreditinstitute des eigenen Landes ist möglich, die Sicherung des Darlehens erfordert aber teilweise eine kostspielige Bürgschaft durch ein italienisches Kreditinstitut. Verschiedene deutsche Bausparkassen und Kreditinstitute bieten ihren Kunden die Möglichkeit zum Erwerb von Auslandsimmobilien. Beim Casa-Europa-Programm der LBS zum Beispiel kann die Südtiroler Sparkasse AG mit Sitz in Bozen als Kooperationspartner diese Bürgschaft übernehmen, auch hierfür fallen jedoch Kosten an. In Nord- und Mittelitalien kommt als Sicherheit die Aufnahme einer Hypothek auf das eigengenutzte Wohnobjekt in Frage. Diese Hypothek muß immer durch den Eigentümer beantragt werden und wird in der Regel etwa sechs bis zehn Wochen nach Beurkundung des notariellen Hauptvertrags eingetragen.

Als Voraussetzung für die Abwicklung des Hauskaufs und aller damit verbundenen finanziellen Transaktionen müssen Nichtitaliener beim zuständigen italienischen Steueramt eine Steuernummer (*codice fiscale*) beantragen, die im Kaufvertrag anzugeben ist.

In der Regel sind für die Finanzierung ähnliche Unterlagen nötig wie beim Erwerb einer Inlandsimmobilie. Neben dem Kreditvertrag und der Steuernummer werden ein Kaufvor- oder Hauptvertrag, ggf. der Nachweis der Eintragung beim Kataster- oder Grundbuchamt, eine beeidete Schätzung des Objekts, Fotografien, die Identifizierung der beteiligten Personen durch Ausweispapiere, eine Hausratversicherung (zugunsten der Sparkasse Bozen), eine Vereinbarung für grenzüberschreitende Finanzierungen mit Zustellungsvollmacht, ein Lageplan sowie bei Um- und Neubauten auch Baupläne, eine Baugenehmigung, eine Baukostenaufstellung und eine Berechnung der Wohnfläche und des umbauten Raums verlangt. Die genauen Anforderungen und Finanzierungsbedingungen sind beim jeweiligen Kreditinstitut zu erfragen.

Für die Abwicklung der Finanzierung von der Einreichung des Kreditantrags bis zur Auszahlung sollten zwei bis drei Monate eingeplant werden.

## Vorvertrag (*preliminare*)

Einen Vorvertrag abzuschließen ist allgemein üblich, für den Käufer werden dann zwischen 10 und 30 Prozent des gesamten Kaufpreises als Vorauszahlung fällig. Als Sicherheit hat der Käufer seit einigen Jahren die Möglichkeit, sich ins Immobilienregister eintragen zu lassen. So sinnvoll dies grundsätzlich ist, so selten wird diese Möglichkeit (aufgrund der damit verbundenen Kosten und der steuerlichen Erwägungen) bisher in Anspruch genommen. Jedoch sollte der Käufer darauf nur dann verzichten, wenn der Verkäufer hierfür gar nicht zu gewinnen ist. Zweck des Vorvertrags ist das gegenseitige „Kaufversprechen", das allerdings nur unter der Voraussetzung gilt, daß alle im Vertrag festgehaltenen Bedingungen vor dem Abschluß des eigentlichen Hauptvertrags erfüllt sind. Die meist im Vorvertrag enthaltene Erklärung des Verkäufers (etwa über die Lastenfreiheit und das Vorliegen rechtsverbindlicher Baugenehmigungen) sollte mit einer notariellen Richtigkeitserklärung versehen sein, die vom selben Notar auszustellen ist, der auch den Hauptvertrag abfaßt. Da der Vorvertrag in der Regel sehr kurzfristig geschlossen wird, müssen die Aussagen des Verkäufers (Eigentümerschaft, Lastenfreiheit des Eigentums usw.) in der Folgezeit überprüft werden. Für den Vorvertrag ist gesetzlich die Schriftform vorgeschrieben. Will sich der Käufer beim Abschluß des Vorvertrags vertreten lassen, muß er eine ins Italienische übersetzte Vollmacht beibringen; die Unterschrift muß durch einen Notar beglaubigt worden sein. Der Rücktritt einer der Parteien vom Vorvertrag kann eine Vertragsstrafe nach sich ziehen. Wurde eine Anzahlung *caparra confirmatoria* vereinbart, kann der Verkäufer beim Rücktritt des Käufers die Anzahlung behalten, bei Nichtzustandekommen des Vertrags durch Verschulden des Verkäufers wird eine Entschädigung in doppelter Höhe der Anzahlung fällig (Rückerstattung + 100 Prozent). Unter Umständen kann von der an der Nichterfüllung des Vertrags schuldlosen Partei auch ein noch weitergehender Schaden geltend gemacht werden. Wurde eine Anzahlung *caparra penitenziale* vereinbart, dann sind über die Höhe der Anzahlung hinausgehende Ansprüche beider Parteien ausgeschlossen.

Vorverträge, die vom Makler oder Verkäufer in Form von Standardvordrucken präsentiert werden, sollten sehr gewissenhaft auf für den Käufer nachteilige Klauseln geprüft werden.

## Hauptvertrag (*atto di compravendita*) und Absicherung des Eigentums

Der Hauptvertrag muß in schriftlicher Form vorliegen und sollte notariell beglaubigt werden. Da der Notar für die Korrektheit seiner Handlungen haftet, wird er die Eigentumsverhältnisse in den Registern überprüfen und nach etwaigen auf der Immobilie liegenden Belastungen fahnden. Es besteht allerdings grundsätzlich auch die Möglichkeit, den Hauptvertrag privatwirtschaftlich, das heißt ohne Notar, abzuschließen. Dies hat dann aber zur Folge, daß der Käufer selbst für die endgültige und verbindliche Eintragung im Eigentumsregister verantwortlich ist – eine Aufgabe, die ansonsten der Notar übernimmt. Ferner sind die Unterschriften beider Vertragsparteien zu beglaubigen, da sonst keine Umschreibung der Eigentumsverhältnisse in den Registern veranlaßt werden kann. Dies muß allerdings nicht zwingend durch italienische Notare erfolgen. Auch beim Abschluß des Hauptvertrags besteht für beide Vertragsparteien die Möglichkeit, sich durch einen Bevollmächtigten vertreten zu lassen, die Unterschrift ist selbstverständlich auch hier zu beglaubigen. Beherrscht der Käufer die italienische Sprache nicht, müssen Notare einen Übersetzer hinzuziehen oder den Vertrag gegen Kostenberechnung übersetzen lassen. Alternativ kann auch ein italienisch sprechender Beauftragter die nötige Unterschrift leisten.

Mit dem Abschluß des Hauptvertrags wird die Zahlung des noch ausstehenden Teils des Kaufpreises fällig. Der im Vertrag genannte Kaufpreis entspricht in der Praxis oft nicht dem tatsächlich gezahlten Preis. Dieses „Steuersparmodell", das dem Käufer einen Teil der Grunderwerbsteuer, dem Verkäufer einen Teil der Mehrwertzuwachssteuer (INVIM) erspart, ist verbreitet, aber illegal. Die italienischen Steuerbehörden können insbesondere dann eine Untersuchung einleiten, wenn der Kaufpreis unter dem sogenannten Katasterparameter liegt, der aus den örtlich anzunehmenden Grundstücks- und Immobilienpreisen errechnet wird.
Zum Kaufpreis (und gegebenenfalls den in der Folge anfallenden Renovierungskosten) kommen als Nebenkosten (Notarkosten, Steuern, Gebühren usw.) zirka zehn Prozent des effektiven Kaufpreises hinzu.

Der Eigentumswechsel wird letztlich erst durch Antrag beim zuständigen Registeramt *(Ufficio del Registro)* unter Vorlage des Kaufvertrags veranlaßt. Als Registrierungsbestätigung erhält der neue Eigentümer eine Eintragungsbescheinigung. Veräußert ein Verkäufer seine Immobilie in betrügerischer Absicht an mehrere Parteien, wird derjenige Eigentümer, der zuerst registriert ist. Ein Notar haftet in der Regel dafür, daß der im von ihm ausgefertigten und beglaubigten Kaufvertrag genannte Käufer unverzüglich in die Register eingetragen wird. Vor dem Eigentumsübergang muß durch den Notar oder die zuständige Registerbehörde eine Bestätigung über die Eigentümer der zurückliegenden 20 Jahre beigebracht werden. In der Praxis verringert sich diese Zeitspanne jedoch häufig auf die letzten fünf Jahre. Grund hierfür ist die Personenbezogenheit des italienischen Registrierungssystems. Nur in den ehemals österreichischen Gebieten (Südtirol, Trentino, Friaul-Venetien) existiert ein Grundbuchsystem. Ein weiteres Kennzeichen des italienischen Systems ist die Existenz mehrerer Register.

Innerhalb von 20 Tagen nach Abschluß des Kaufvertrags muß dieser beim Registeramt angemeldet werden. Auch diese Aufgabe obliegt bei einem notariellen Kaufvertrag dem Notar.

## Bauantrag und Planung

Die Besonderheit des italienischen Baurechts besteht darin, daß laut Gesetz von 1977 praktisch jede bauliche Veränderung genehmigt werden muß. Die Genehmigungshoheit liegt bei den Städten und Gemeinden. In den einzelnen Provinzen werden gesetzliche Bauvorschriften erlassen, die für die Gemeinden bindend sind. Seit einigen Jahren sind neue Verfahrensregeln für den Ablauf des Genehmigungsprozesses in Kraft. Danach hat die Baugenehmigungsbehörde dem Antragsteller nach Eingang des Bauantrags den Namen des zuständigen Sachbearbeiters mitzuteilen, dessen Stellungnahme binnen 60 Tagen (bei Städten mit mehr als 200 000 Einwohnern 120 Tagen) ab Antragstellung vorliegen muß. Eine

Aufschiebung der Frist ist nur möglich, wenn vom Sachbearbeiter zusätzliche Unterlagen angefordert werden müssen. Auch insofern ist es also zur Vermeidung unnötiger Verzögerungen wichtig, einen kompletten Genehmigungsantrag einzureichen. Die Stellungnahme des Sachbearbeiters ist der Genehmigungskommission (*commissione edilizia*) vorzulegen, die ihre Entscheidung ebenfalls binnen einer festgesetzten Frist zu fällen hat. Die Baugenehmigung ergeht immer befristet, wobei der Beginn der Bauarbeiten innerhalb eines Jahres nach Genehmigung, die Beendigung binnen drei Jahren erfolgen sollte. Ausnahmeregelungen müssen gesondert getroffen werden. Auch beim Hauskauf sollte darauf geachtet werden, ob Baugenehmigungen (beispielsweise für Umbaumaßnahmen) vorliegen und ob die geltenden Fristen noch eingehalten oder nötigenfalls verlängert werden können. Das italienische Baurecht erlaubt übrigens grundsätzlich auch, unrechtmäßig oder unter falschen Bedingungen erteilte Baugenehmigungen zurückzunehmen. Es empfiehlt sich auch in Italien, einen Architekten zu beauftragen, der ausreichendes Gespür und Erfahrung in der Renovierung alter Gebäude hat. Selbst im Lande Palladios und Brunelleschis muß man oft lange suchen, bis der richtige Planer gefunden ist. Ein guter Architekt besitzt nicht nur die fachliche Kompetenz zur Erstellung der Planunterlagen, sondern kann dem Bauherrn durch seine Kenntnis der Verfahrensabläufe und der örtlichen Verhältnisse unter Umständen auch viel Zeit und Schwierigkeiten ersparen. Grundsätzlich können die Planunterlagen aber auch von einem amtlich anerkannten Geometer eingereicht werden.

# Frankreich

## Haussuche und Immobilienmakler

Die Berufsbezeichnung des *agent immobilier*, der zur Ausübung seiner Tätigkeit grundsätzlich eine staatliche Zulassung benötigt, ist geschützt und signalisiert somit die auf diesem Gebiet in Frankreich herrschenden strengen Vorschriften und Zugangsbeschränkungen. So ist der Regelfall, daß der *agent immobilier* ein Jura- oder Fachstudium erfolgreich absolviert haben muß. Ausnahmen gelten nur für Absolventen der Notarsschule, Personen mit langjähriger Berufserfahrung als leitende Mitarbeiter eines *agent immobilier* und die Absolventen von ausgewählten *Grandes Écoles*. Die meisten Makler gehören dem Berufsverband FNAIM (*Fédération Nationale des Agents Immobiliers et Mandataires en vente de fonds de commerce*) an. Unter anderem ist der Makler verpflichtet, ein behördlich überwachtes Depotkonto für seine Kunden zu unterhalten, das zusätzlich durch eine Bankbürgschaft über mindestens 750 000 FF abgesichert sein muß. Eine Garantieurkunde in seinen Geschäftsräumen dokumentiert dies. Eine zwingend geforderte Berufshaftpflichtversicherung (etwa der FNAIM) sichert etwaige Fehler des Maklers finanziell ab. Ferner benötigt der *agent immobilier* eine jährlich zu erneuernde Zulassung und muß ein behördlich kontrolliertes Mandatsregister führen. All dies kann ein rechtmäßig zugelassener *agent immobilier* durch Dokumente nachweisen. Ihm ist es übrigens auch verboten, auf eigene Rechnung zu kaufen und zu verkaufen. Die von ihm beanspruchten Vermittlungshonorare, die ausschließlich im Erfolgsfall fällig werden, liegen meist zwischen fünf und zehn Prozent des Verkaufspreises. Sie sind in diesem meist bereits enthalten. Seine Provision verdient sich der *agent immobilier* in der Regel durch seine gute Kenntnis des Markts und der einzelnen Objekte sowie sein Vermittlungsgeschick. Aufgrund der zeitlichen Befristung seines Auftrags und des meist großen Konkurrenzdrucks ist der *agent immobilier* vor allem daran interessiert, den Verkaufsvertrag schnell abzuschließen. Da Interesse, ein möglichst teures Objekt zu verkaufen, kommt erst an zweiter Stelle, was natürlich den Interessen des Käufers entgegenkommt. Übrigens haben in Frankreich auch Notare (*notaires*) die Befugnis, Immobiliengeschäfte zu vermitteln. Wird ein Notar als Immobilienvermittler tätig, steht ihm eine Provision zu, die bei einem Kaufpreis von bis zu 300 000 Francs fünf Prozent beträgt. Ist der Kaufpreis höher, so werden für den Betrag, um den die 300 000 Francs überschritten werden, zusätzlich 2,5 Prozent Provision (zuzüglich Mehrwertsteuer) berechnet.

Bei anderen Vermittlern als Notaren und *agents immobiliers* ist Vorsicht geboten, da sie unter Umständen ohne Zulassung und unter Umgehung der rechtlichen Vorschriften Immobilien mit oft mehr als zweifelhaften Methoden zu vermitteln versuchen. Neben den teils doch mangelhaften Leistungen solcher Vermittler und den durch unseriöse Geschäftspraktiken drohenden Risiken werden den potentiellen Käufern zudem häufig überhöhte Vermittlungskosten berechnet.

### Kauf- und Finanzierungsabwicklung

Für die Abwicklung der Finanzierung sind in der Regel ein Vorvertrag oder ein endgültiger Kaufvertrag, ein (über den Notar anzufordernder) Hypothekenregisterauszug, eine Zusatzerklärung für grenzüberschreitende Finanzierungen mit Zustellungsvollmacht, die Anschrift des beauftragten Notars, Fotografien des Objekts, ein amtlicher Lageplan (*plan de masse*) und Bauzeichnungen mit Grundrißplänen (mit Angaben zur Wohnfläche und zum umbauten Raum) notwendig. Bei Durchführung baulicher Maßnahmen müssen eine Baukostenschätzung/-aufstellung, Kostenvoranschläge, bei Neubau zusätzlich eine Bebaubarkeitsbescheinigung für das Grundstück (*certificat d'urbanisme*) und eine Baugenehmigung, ein Feuerversicherungsnachweis und schließlich eine Kontaktadresse für die Besichtigung des Objekts beigebracht werden. Zusätzlich wird die Verkehrswertschätzung des Objekts fällig, die von der beauftragten Bank veranlaßt und dem Kreditnehmer in Rechnung gestellt wird. Wenn nötig, kann eine Hypothek eingetragen werden, was zum Beispiel mit Hilfe eines (zweisprachigen) elsässischen Notars möglich ist.

Der Zeitraum von der Beantragung bis zur Bewilligung des Kredits beträgt, wenn ein nichtfranzösisches Kreditinstitut beauftragt wird, im Normalfall etwa zwei bis drei Monate. Bei einer französischen Bank geht dies natürlich schneller vonstatten. Allerdings sollte man mit einer Bank vor Ort nur verhandeln, wenn man sehr gut französisch spricht, um Mißverständnisse zu vermeiden.

### Vorvertrag

Da der Abschluß des – bei Immobilien auch in Frankreich allgemein üblichen – Vorvertrags rechtlich bindend ist, sollte dieser im Normalfall durch einen Notar abgefaßt werden. Dieser wird dann auch den Vorvertrag beurkunden und ins Register eintragen lassen. Idealerweise ist die Finanzierung bereits zu diesem Zeitpunkt gesichert. Gesetzlich vorgeschriebener Bestandteil des Vorvertrags ist die Angabe, ob und in welcher Höhe der Kaufpreis mit Kreditmitteln finanziert werden soll.

Grundsätzlich sind drei Varianten von Vorverträgen zu unterscheiden. Bei der ersten, dem sogenannten Verkaufsversprechen (*promesse de vente*), versichern sich die Parteien gegenseitig für eine frei festzulegende Zeitspanne (üblich sind bis zu drei Monate) ihren Willen zum Kauf beziehungsweise Verkauf. Dazu überweist entweder der potentielle Käufer bis zu zehn Prozent der Kaufpreissumme auf ein Treuhandkonto oder der Verkäufer verpflichtet sich zur Zahlung einer Entschädigungssumme, wenn durch sein Verschulden der Verkauf später doch nicht zustande kommen sollte. Allerdings ist vom Käufer darauf zu achten, daß er sich sein Traumhaus nicht für eine zu kurze Zeitspanne reservieren läßt. Unter anderem sollte hierbei die oft mehrere Monate beanspruchende Finanzierungsabwicklung einkalkuliert werden. Während bei Reservierungsfristen von drei Monaten etwa 10 Prozent Anzahlung üblich sind, sollte sich diese bei kürzeren Fristen entsprechend verringern.

Bei der zweiten Variante des Vorvertrags, dem sogenannten gegenseitigen Versprechen (*compromis*), verpflichten sich beide Parteien bindend zum Abschluß des Hauptvertrags. Bei Nichterfüllung muß der von seiner Erwerbsabsicht zurücktretende Käufer unter Umständen zusätzlich zur vereinbarten Garantiesumme weitere Summen an Schadenersatzansprüchen bezahlen. Solche Risiken lassen sich umgehen, wenn man sich für die oben beschriebene *promesse* entscheidet oder den Vertrag des *compromis* entsprechend gestaltet.

Die dritte Version des Vorvertrags ist das Kaufangebot (*offre d'achat*), das ein Käufer meist dann ausspricht, wenn er die Immobilie seiner Wahl unbedingt möglichst schnell erwerben, oder wenn der Verkäufer dieselbe eiligst verkaufen möchte. Das Angebot gilt zeitlich befristet und ist mit der Zahlung einer Garantiesumme auf ein treuhänderisch verwaltetes Anderkonto verknüpft. In schriftlicher Form abgefaßt ist die *offre* für den Kaufinteressenten bindend, der Verkäufer braucht das Angebot nur noch durch seine Unterschrift anzunehmen. Eine mündliche *offre* ist dagegen für den Käufer nicht bindend, entspricht also nicht der mündlichen Kaufzusage des spanischen Immobilienrechts.

Grundsätzlich sollten zur Ausgestaltung des Vorvertrags unbedingt Notare oder *agents immobiliers* herangezogen werden, die die Vielzahl von zu berücksichtigenden Vertragsinhalten genau kennen. Wichtig ist hierbei auch die Aufnahme aufschiebender oder auflösender Bedingungen (*conditions suspensives*), deren Eintritt den Vorvertrag auflösen kann. Ob solche Bedingungen eintreten, wird während der Laufzeit des Vorvertrags ebenfalls von Notaren oder *agents immobiliers* geprüft. Solche auflösenden Bedingungen ermöglichen den Rücktritt vom Kauf und die Rückerstattung der Anzahlung (zu den notwendigen Vertragsinhalten und den auflösenden Bedingungen im einzelnen vgl. Kirner, „Frankreichimmobilien", S. 97 ff).

Laut Gesetz hat der Käufer vom Termin der Vorvertragsunterzeichnung an Zeit, die Finanzierung endgültig abzuschließen. Gelingt dies aufgrund eines ablehnenden Bescheids der Bank nicht, kann der Käufer in der Regel entweder eine Fristverlängerung vereinbaren oder vom Kauf zurücktreten, ohne daß ihm dafür Kosten entstehen.

Bestimmt der Vorvertrag, daß eine Anzahlung auf den Kaufpreis zu leisten ist, sollte diese Summe wie natürlich auch die verbleibende Restsumme nur auf ein vom beauftragten Notar einzurichtendes Anderkonto überwiesen werden.

## Hauptvertrag und Absicherung des Eigentums

In Frankreich müssen laut Gesetz immer Notare mit der Erstellung des öffentlichen, endgültigen Kaufvertrags beauftragt werden. Ebenso kann nur der Notar die notwendigen Hypotheken bestellen, eventuell noch existierende hypothekarische "Altlasten" hat er aufzulösen. Zudem berät er eingehend über die Vertragsabwicklung, prüft die von beiden Parteien gemachten Angaben, informiert über etwaige auf der Immobilie liegende Belastungen und Grunddienstbarkeiten und erläutert deren mögliche Folgen für den Käufer.

Nach der Unterzeichnung und Beurkundung des Vertrags hinterlegt der Notar (im größten Teil Frankreichs und in ganz Südfrankreich) die Akte im Hypothekenregister. Damit ist der Käufer gegen Ansprüche Dritter geschützt. Dessen ungeachtet hat sich aber der Käufer, wenn auflösende Bedingungen nicht vereinbart wurden oder nicht vorliegen, bereits im Vorvertrag verbindlich zum Kauf verpflichtet. Dementsprechend besitzt der Hauptvertrag im französischen Recht – anders als etwa im deutschen – nur deklaratorische, keine konstitutive Bedeutung. Die Besitzurkunde (*acte de propriété*) wird dem Käufer nach einiger Zeit zugestellt, wenn er sie vom Hypothekenregister zurückerhalten hat. Damit kann auch eine Eigentümerbescheinigung (*attestation de propriété*) beantragt werden.

Als Nebenkosten für den Erwerb sind neben dem Immobilienvermittler noch die eigentlichen Notarskosten (Auslagen und kaufpreisabhängige Gebühren von insgesamt etwa zwei bis drei Prozent des Kaufpreises) sowie die Registersteuern oder die Mehrwertsteuer einzukalkulieren. Für Altbauten ab einem Alter von fünf Jahren, die zu Wohnzwecken bestimmt sind und deren Grundstück weniger als 2500 m² groß ist, werden die bedeutend niedrigeren Registersteuern (*droits de mutations*) angesetzt (zur Zeit etwa 7 bis 7,8 Prozent des Kaufpreises).

**Bauantrag und Planung**

Zur grundsätzlichen Regelung von Bautätigkeit und Städtebau existieren neben den allgemeinen gesetzlichen Vorgaben Instrumente der Bauleitplanung. Der sogenannte *plan d'occupation des sols* ist praktisch ein kombinierter Flächennutzungs- und Bebauungsplan, der vom Großteil der französischen Kommunen aufgestellt wird. Hierin enthalten sind auch Vorschriften für die Neu- und Zusatzbebauung von Grundstücken und Verfügungen über Abstandsflächen, die zulässige Höhe von Einfriedungen usw.

Im Nahbereich von bestimmten eingetragenen Denkmälern kann die Bebauung besonderen Beschränkungen unterliegen. Für Renovierungsmaßnahmen ist dann ein formaler Bauantrag erforderlich, wenn größere Veränderungen der äußeren Fassadengestalt oder Nutzungsänderungen (beispielsweise Wohnraum statt Stall) geplant sind. Eine reine Innenrenovierung kann genehmigungsfrei sein. Dennoch sollte zur genauen Abklärung immer möglichst früh die örtliche Baubehörde aufgesucht werden. Verbindliche Bestandteile des Bauantrags sind ein Grundstücksplan, genaue Baupläne einschließlich Fassadenansichten und eine Baubeschreibung. In vielen ländlichen Gemeinden muß der Bauantrag seit einigen Jahren auch Informationen zur Einbindung des Objekts in die Landschaft enthalten (Fotos, Skizzen, Text). Die Bearbeitung des Bauantrags darf nicht mehr als drei Monate dauern. Alternativ kann es bei kleineren Baumaßnahmen genügen, nur eine Bauanzeige (*déclaration des travaux*) bei der Gemeinde zu hinterlegen. Auskünfte über Geltungsbereich und Ablauf dieses vereinfachten Verfahrens übernimmt die kommunale Baubehörde. Übergeordnete Baugenehmigungsinstanz ist die zuständige Départementsverwaltung.

Die Beauftragung eines guten Architekten ist, wie in diesem Buch schon mehrfach betont, stets zu empfehlen, bei einer Wohnfläche von mehr als 170 m² und bei denkmalgeschützten Anwesen sogar gesetzlich vorgeschrieben. Das Architektenhonorar beträgt meist zwischen acht und zwölf Prozent, alternativ kann auch die Zahlung einer Pauschalsumme vereinbart werden. Teilleistungen können entweder nach Stundensatz (z. B. Objektprüfung) oder nach Wohnfläche (Pläne und Zeichnungen) berechnet werden.

# Spanien

**Haussuche und Immobilienmakler**

Wenn man nicht die Zeit hat, sich vor Ort nach einem Haus umzusehen, kann ein Immobilienmakler beauftragt werden. Der Maklerberuf ist in Spanien zwar im Unterschied etwa zu Deutschland nicht für jedermann frei zugänglich, aber es ist dennoch nicht zu empfehlen, sich blind auf die berufliche Qualifikation des Immobilienvermittlers zu verlassen. Grundsätzlich ist es schwierig, Qualifikation und Zuverlässigkeit eines Maklers nachzuprüfen. Immerhin wird aber ein guter Makler in der Regel bereitwillig Auskunft über seine Ausbildung und seine beruflichen Stationen geben; im Gespräch kann man sich einen Eindruck von seiner Marktkenntnis verschaffen. Spätestens die Qualität der vom Makler beigebrachten Hausangebote, die Aussagekraft und Korrektheit seiner Exposés und die Übereinstimmung mit den von den Käufern formulierten Wünschen geben dann einen guten Eindruck von den Qualifikationen des Maklers. Stets ist der Auftrag zeitlich zu befristen und die Zahlung der Provision für den Erfolgsfall zu vereinbaren. Als Fälligkeitstermin für das Honorar sollte die Eintragung im Eigentumsregister, mit der der Käufer erst endgültig abgesichert ist, vereinbart werden.

Ferner sollte man sich stets Namen und Anschrift des Verkäufers geben lassen und mit diesem in Verbindung treten, um frühzeitig die Angaben des Maklers überprüfen zu können. Sogenannte Dorfmakler (*corredores del pueblo*) können unter Umständen bessere Marktkenntnis besitzen und geringere Gebühren berechnen als professionelle Makler. Die Adressen eines örtlichen *corredor* wird man am besten in der örtlichen Bar erfragen.

## Kauf- und Finanzierungsabwicklung

Zur Abwicklung der Finanzierung sind neben dem Kreditvertrag in der Regel eine Abschrift des Kaufvertrags, ein Auszug aus dem Eigentumsregister, Bau- und Lagepläne, Bauzeichnungen und Baubeschreibung, die Berechnung der Wohnfläche und des umbauten Raums, eine Baugenehmigung (für Renovierungsmaßnahmen oder Neubau), Fotografien des Objekts, Kopien der Grundsteuerbescheide der vergangenen drei Jahre, eine Bewohnbarkeitsbescheinigung, eine Bestätigung über ordnungsgemäße Bezahlung aller Gebühren und Steuern, ein Feuerversicherungsnachweis, eine Zusatzerklärung für grenzüberschreitende Finanzierungen und und eine Kontaktadresse für die Besichtigung des Objekts nötig. Die Verkehrswertschätzung der Immobilie wird durch Sachverständige vor Ort vorgenommen.

Zur Bestellung einer Hypothek kann das Kreditinstitut ein spanisches Rechtsanwaltsbüro mit dem Entwurf des Hypothekenvertrags in spanischer Sprache beauftragen, auf dessen Basis dann die Hypothek bei einem spanischen Notar bestellt werden kann. Die Urkunde muß später beim zuständigen Eigentumsregister vorgelegt werden.

## Vorvertrag und Kaufoption

Eine äußerst wichtige Besonderheit des spanischen Rechts ist die Verbindlichkeit mündlicher Kaufzusagen. Wer ein Haus besichtigt, sollte dies immer im Auge behalten und nicht zuletzt vor diesem Hintergrund auch bei sehr positivem Eindruck „Ruhe bewahren", bis alle wissenswerten Informationen vorliegen.
Bei einem schriftlichen privatwirtschaftlichen Vorvertrag sollte ebenfalls bedacht werden, daß er verbindliche Wirkung hat. Unter anderem sollte darin auch geregelt werden, welche Partei die Notarkosten und die Wertzuwachssteuer (*Plus-valía*) zu zahlen hat. Ferner sollte ein Passus über die Geltung des spanischen Rechts mit Gerichtsstand im Heimatland aufgenommen werden (weitere wichtige Vertragsinhalte finden sich in Schöllhorn, „Spanienimmobilien", S. 99 ff.).

Im Unterschied zum Kaufvertrag besitzt die Kaufoption für den Käufer keine rechtliche Verbindlichkeit, sondern sichert ihm, etwa gegen Zahlung einer bestimmten Summe, nur das Recht zu, die Immobilie zu bestimmten Bedingungen zu erwerben. Der Käufer kann ohne für ihn nachteilige Folgen von dieser Kaufoption zurücktreten. In der Vereinbarung sollte aber eine Entschädigungssumme für den Fall festgelegt werden, daß der Verkäufer sich anders entscheiden sollte.
Zu beachten ist, daß es im spanischen Recht nicht auf die Bezeichnung oder Überschrift des Vertrags ankommt, sondern seine Wirkung ausschließlich auf dem Vertragsinhalt beruht. Daher sollte auf deutliche Formulierungen durch ausgewiesene Fachleute größter Wert gelegt werden.

## Hauptvertrag (*escritura da compraventa*) und Absicherung des Eigentums

Der Käufer sollte, wenn er sich zum Kauf entschlossen hat, auf den möglichst schnellen Abschluß eines notariellen Hauptvertrags hinwirken.
Der spanische Notar ist gesetzlich grundsätzlich nur zur Beurkundung des Kaufvertrags und zur Einsichtnahme in das Register verpflichtet. Der Käufer sollte absolut sicher sein, daß die Einsichtnahme ins Register erfolgt ist. Je früher dies geschieht, desto besser, denn oft erübrigen sich durch die Einsicht schon alle weiteren Aktivitäten.
Die Unterverbriefung des Kaufpreises im notariellen Kaufvertrag ist recht häufig. Allerdings ist davor zu warnen, unnötige Risiken einzugehen und rechtliche Folgen zu riskieren. Spanische Finanzbehörden werden insbesondere dann mißtrauisch, wenn der angegebene Preis den Katasterwert des Grundstücks deutlich unterschreitet.
Da in der Regel die Notare in Spanien keine Vollzugstätigkeiten übernehmen, also die Eintragung des Eigentums nicht veranlassen, sollte hiermit ein darauf spezialisiertes Dienstleistungsbüro (*gestoria*) oder ein anderer Bevollmächtigter vor Ort beauftragt werden.
An Erwerbsnebenkosten entstehen dem Käufer bei Gebrauchtimmobilien zur Zeit etwa zwei Prozent des Kaufpreises

an Notarsgebühren, sechs Prozent Grunderwerbsteuer (bei Neubauten sieben Prozent Mehrwertsteuer), Registergebühren sowie die spanische Wertzuwachssteuer (*Plus-valía*). Insgesamt kann grob von etwa zehn Prozent des Kaufpreises ausgegangen werden.

## Bauantrag und Planung

Zunächst einmal von Bedeutung sind die baurechtlichen Vorgaben, die von den regionalen Gebietskörperschaften erlassen werden und je nach Region sehr unterschiedlich geregelt sein können. Insbesondere Regierungen und Parlamente von Regionen, in denen eine rege touristische Bautätigkeit und eine hohe Nachfrage nach Zweit- und Ferienwohnsitzen besteht, tendieren zunehmend zur (wohlbegründeten) Verschärfung der Baubestimmungen. Beispielsweise wurde auf den Balearen im Frühjahr 1999 eine lang erwartete Baurechtsnovelle verabschiedet, die unter anderem die Bebaubarkeit von küstennahen und ländlichen Bereichen durch freistehende Häuser oder Urbanisationen stark beschränkt. Die weitere Zersiedelung der schönsten Landschaften soll so verhindert werden.

Die zusätzlichen baugenehmigungsrechtlichen Befugnisse der Städte und Gemeinden sind selbstverständlich an die gesetzlichen Vorgaben der Regionen gebunden. Bauleitpläne wie der Flächennutzungsplan (*plan general municipal de ordinación*) und der Bebauungsplan (*plan parcial de ordinación*) regeln die örtliche Bautätigkeit. Hier werden Art und Dichte der Bebaubarkeit, Mindestgrundstücksgrößen für Baugrundstücke (wichtig zur Eindämmung der Zersiedelung auf dem Land) und baugestalterische Vorschriften festgelegt. Auch wenn „nur" renoviert werden soll, empfiehlt sich im Hinblick auf größtmögliche Planungssicherheit immer eine frühzeitige Kontaktaufnahme mit der Baugenehmigungsbehörde. Grundsätzlich wird unterschieden zwischen der *licencia de obra* (Baugenehmigung bei Neubauvorhaben) und dem *permiso de obra menor* (Genehmigung für eine kleinere Baumaßnahme). Letztere wird in der Regel für Renovierungsvorhaben genügen, ist aber auch mit einer Gebühr verbunden (etwa zwei bis drei Prozent der Bausumme). Der Bauantrag sollte vor allen Dingen genaue Baupläne, eine Baubeschreibung und eine Kostenaufstellung enthalten. Über Einzelheiten geben die Genehmigungsbehörden Auskunft. Der Bauantrag muß grundsätzlich (gegen entsprechendes Honorar) von einem spanischen Architekten unterzeichnet und von der zuständigen Architektenkammer (*ordre des architectos*) abgestempelt werden. Der planende oder unterzeichnende Architekt muß Mitglied der Architektenkammer sein. Das Architektenhonorar kann in Spanien seit einigen Jahren in gewissem Rahmen verhandelt werden. Der Architekt haftet auch für Fehler bei der Planung und Bauaufsicht.

# Wichtige Adressen

Im folgenden werden Adressen aufgeführt, die im Text oder in den Bildunterschriften genannt wurden. Ferner wurde eine kleine Auswahl weiterer Adressen – etwa von Antiquitätengeschäften und Keramikbetrieben – aufgenommen, die der Autor persönlich kennt und empfehlen möchte. Einige der Unternehmen sind auch mit Vertretungen im mitteleuropäischen Raum präsent. Viele weitere wichtige Kontaktadressen finden sich jeweils am Ende der einzelnen Projektkapitel.

## Immobilienerwerb und Renovierungsfragen

**Deutsche Schutzvereinigung Auslandsimmobilien e. V. (DSA)**
Zähringer Str. 373
D-79108 Freiburg
Telefon: (0761) 550 12
Telefax: (0761) 550 13
E-mail: info@dsa-ev.de

**Deutsche und Schweizerische Schutzgemeinschaft für Auslandsgrundbesitz e. V.**
Carl-Benz-Str. 17a
D-79761 Waldshut-Tiengen
Telefon: (07741) 2131
Telefax: (07741) 1662
E-mail: Kontakt@schutzgemeinschaft.com

**Casa Europa**
LBS Bundesgeschäftsstelle
Buschstr. 32
D-53113 Bonn
Telefon: (0228) 204-738/-411
Telefax: (0228) 204-422

**La Demeure Historique**
Beratung in allen Fragen der Altbaurenovierung in Frankreich, insbesondere bei denkmalgeschützten Bauten
Hôtel de Nesmond
57, quai de la Tournelle
F-75005 Paris
Telefon: (0033-1) 554 26 00

## Einrichtung, Antiquitäten, Baumaterialien

**Atélier Lel Cardéline**
Jacqueline Frechon
Céramiste Décorateur
Insbesondere Design und Herstellung von Fliesen, Bad- und Küchenausstattung, Dekoration
F-83570 Carcès-en-Provence
Telefon: (0033-4) 94 04 33 30

**Marlo Mariani**
Artigiano Terrecotte
Hochwertige Platten und Gefäße aus Terracotta
Via Cappello, 29
I-50023 Impruneta (FI)
Telefon: (0039-55) 201 19 50
Telefax: (0039-55) 201 11 32
(Anfragen und Bestellungen am besten in italienischer Sprache)

**Mas de Flore**
Antiquités Décoration Création
Stilvolle Antiquitäten (z. B. alte Fliesen und Kacheln), Inneneinrichtung, Dekoration
Route d'Apt/D 24 (bei Lagnes)
F-Fontaine de Vaucluse
Telefon: (0033-4) 90 20 37 96 (Atelier) oder
(0033-4) 90 20 34 28 (Boutique)

**Provence Retrouvée**
Matériaux anciens
Antike Baumaterialien, Säulen, Gefäße, Brunnen u. v. m.
Route d'Apt
F-84800 L'Isle sur la Sorgue
Telefon: (0033-4) 90 38 52 62
Telefax: (0033-4) 90 38 62 97

**Gianni Rossi**
Antiquariato
Antiquitäten und Raritäten
Via Borgunto 3
I-Arezzo
Telefon: (0039-575) 288 67
oder (-575) 35 41 62
E-mail: johnred@ats.it

**Terres Cultes de Légrin**
Tonplatten, Kacheln
Zone de Légrin
Route de Saint-Gilles
F-30132 Caissargues
Telefon: (0033-4) 66 38 38 22
Telefax: (0033-4) 66 38 38 21

**Alain Vagh Céramique**
Platten, Fliesen und Keramik aus Ton
Route d'Entrecasteaux
F-83690 Salernes
Telefon: (0033-4) 94 70 61 85
Telefax: (0033-4) 94 67 52 78
Telefon Vertretung Berlin:
(030) 315 24 78

## Reiseagenturen und Gästehäuser

Renata Lühmann
Ferme La Ribaude
F-84110 Le Crestet
Telefon: (0033-4) 90 36 36 11
Telefax: (0033-4) 90 28 81 29

Finca Son Gener
Familie Estéva, Angelika Senger
Ctra. Artà – Son Servera (PM – V 403 – I)
Apartat de Correus, 136
E-07550 Son Servera, Mallorca
Telefon: (0034-971) 18 37 36
Telefax: (0034-971) 18 35 91
E-mail: Son-Gener@todoesp.es

Die Versteckte Toskana
Reiseentwürfe von Bettina Röhrig
Loc. Luia 42
I-50050 Fiano (FI)
Telefon/Telefax: (0039-571) 66 95 16
E-mail: info@versteckte toskana.com
Homepage:
http://www.versteckte toskana.com

Voyages Sud-Soleil S. A.
Hauptstr. 11
CH-4102 Binningen BL
Telefon: (0041-61) 421 96 57
Telefax: (0041-61) 421 96 54
oder Voyages Sud-Soleil (Deutschland) GmbH
Güntertalstr. 17
D-79102 Freiburg i. Br.
Telefon: (0761) 708 70-0
Telefax: (0761) 708 70-26
E-mail: Voyages-Sud-Soleil-@t-online-de
Homepage:
http://home.t.online.de/home/Voyages-Sud-Soleil

# Literaturverzeichnis

### Quellen und Belletristik

Jean Giono, *Jean der Träumer*, München 1991.
Robert Graves, *Por qué vivo en Mallorca* (José J. de Olaneta, Palma de Mallorca).
Henry James, *The Portrait of a Lady*, New York 1996.
Frédéric Mistral, *Erinnerungen und Erzählungen*, Leipzig o. J.
Andrea Palladio, *Die vier Bücher zur Architektur*, nach der Ausgabe Venedig 1570, übertragen und herausgegeben von Andreas Beyer und Ulrich Schütte, Zürich und München 1984.
George Sand, *Ein Winter auf Mallorca*, München 1979.

### Sachliteratur zur Kultur, Immobilienerwerb, Renovierung, Bau- und Gartenkunst

Sophie Bajard und Raffaello Bencini, *Villen und Gärten der Toskana*, Paris 1992.
Marella Carracciolo und Francesco Venturi, *Landsitze und Stadtpalais auf Mallorca*, Hamburg 1996.
Aldo Castellano, *Alte Bauernhäuser in Italien*, übertragen von Ulrike Stopfel, München 1986.
Deutsche und Schweizerische Schutzgemeinschaft für Auslandsgrundbesitz e. V. (Hrsg.), *Landsitz und Altstadthaus im Süden*, Auslandshandbuch Nr. 3, 2. Auflage, Waldshut-Tiengen 1993.
René Dinkel, *L'Encyclopédie du Patrimoine* (Les Encyclopédies de Patrimoine).
Heidi Gildemeister, *Mediterranes Gärtnern*, Mit wenig Wasser ein blühendes Paradies, Berlin 1997.
Bruno Giovanetti und Roberto Martucci, *Architect's Guide to Florence*, übertragen von Michael Cunningham, Oxford u. a. 1994.
Justo González Garcia, *Die Dörfer Mallorcas aus der Vogelschau* (José J. de Olaneta, Palma de Mallorca).
Tomas Graves, *Un hogar en Mallorca*, Guia práctica de la casa y la vida rural (José J. de Olaneta, Palma de Mallorca).
Oliver Kirner, *Frankreichimmobilien*, Informationen und Praxiswissen für Käufer, Besitzer und Verkäufer, 2. Auflage, Freiburg i. Br. 1998.
Burckhardt Löber, *Immobilien in Spanien*, Bad Homburg o. J.
J.-L. Massot, *L'Esprit de Restauration* (Aréha Editions).
Andrew Morrogh (Hrsg.), *Disegni di Architetti Fiorentini 1540–1640*, übertragen von Silvia Dinale, Florenz 1985.
Doris Reichel, *Ferienimmobilien in Italien*, Erwerb, Besitz, Verkauf und Steuern, Freiburg i. Br. 1996.
Werner W. Richner und Michael Bengel, *Provence*, Köln 1988.
Peter Schöllhorn, *Spanienimmobilien erwerben, besitzen und vererben*, Freiburg i. Br. 1998.
*Spanien*, mit Fotografien von Juan Antonio Fernández, Berlin u. a. 1992.
Peter Thornton, *The Italian Renaissance Interior*, 1400–1600, London 1991.
Nicole Ulisse, *Salernes, Terre et Ceramique*, Aix-en-Provence 1987.

Für aktuelle Informationen über den Immobilienkauf rund um das Mittelmeer seien ferner die Mitgliedszeitschriften der Deutschen Schutzvereinigung Auslandsimmobilie (DSA) und der Deutschen und Schweizerischen Schutzgemeinschaft für Auslandsgrundbesitz empfohlen (siehe hierzu auch das Adreßverzeichnis). Eine Vielzahl von nützlichen Ratschlägen zu Immobilien und anderem Wissenswerten in den mediterranen Ländern findet sich in den Zeitschriften ‚Bellevue' (monatliche Erscheinungsweise), ‚Bellevue extra Spanien' (jährlich) und ‚Bellevue Mallorca' (vierteljährlich).

# Danksagung

Der herzliche Dank des Autors gilt zunächst einmal allen Eigentümern und Architekten, die durch ihre Bereitschaft zur Zusammenarbeit wesentlich zum Gelingen dieses Buchs beigetragen haben. Zu nennen sind hier Yves Lebreton, Andreano Emo, Christina und Pietro Stassano, Fernanda und Claudio Pellegrini, die Familie Nitzsche und Franz Osterman, Jürg Haas mit Frau Simone, Béatrice und Marcel Heinz, Sibylle Leimgruber, Sandra Portelli und Rodolfo Schmidt Zagert, Irma und Gerhard Kubisch sowie natürlich gleichermaßen all diejenigen Eigentümer, die im Text nicht namentlich erwähnt werden. Ferner gilt dieser Dank auch der Familie Estéva und Angelika Senger von Son Gener, Victorine Canac, Renata Lühmann, Nancy Jenkins sowie allen übrigen Eigentümern der vom Autor besuchten Anwesen.
Familie Desgrugillier, Jacqueline Frechon, Mario Mariani und seine Mitarbeiter, Gianni Rossi und die Gebrüder Torrecillas schenkten dem Autor ihre Zeit und zeigten ihm ihre Kunst.
Großes Verdienst gebührt Bettina Röhrig von der Versteckten Toskana und dem Team von Voyages Sud-Soleil für ihre sehr zuvorkommende Art und für die professionelle Organisation.
Alexandra Strauß gab wertvolle Tips, ohne die ein wunderbares Haus zumindest für dieses Buch unentdeckt geblieben wäre. Nicht zuletzt hat mein Vater, Architekt Wilhelm Drexel, zu den einzelnen Projektkapiteln kunstvolle Grundrißzeichnungen beigesteuert.
Nicht vergessen werden darf das Team des Callwey Verlags, namentlich Kristina Hajek, Melanie Lederle und Dorothea Montigel, die wunderbare Arbeit geleistet haben.

# Abbildungsverzeichnis

Die folgenden Angaben beziehen sich sowohl auf die Urheberschaft an Fotografien als auch an Plänen. Jürg Haas hat für dieses Buch besonders viel Zeit geopfert und seine Architektur in eindrucksvolle Fotografie übersetzt. Wilhelm Drexel zeichnete sämtliche Grundrisse nach den Planvorlagen der Architekten und Eigentümer neu.
Thomas Drexel: Seite 2, 4, 6, 7, 8/9, 10, 11, 12 beide, 13, 14, 15, 17 beide, 18 beide, 19, 20, 21, 22, 23, 24, 25, 26 beide, 27 beide, 28 beide, 29, 30 31, 32, 33, 34, 35 unten, 36 oben, 37, 38, 39, 40 beide, 42, 43 unten, 44 alle, 45, 46 beide, 47, 50, 51, 54, 55 alle, 56 beide, 57, 60, 61, 63 beide, 64, 65, 68, 69 unten, 72, 73, 78, 84 oben, 84 unten, 90, 91 beide, 93, 96 unten, 98, 101 rechts, 102 Mitte, 104, 105 oben, 106, 108 unten, 109, 110 unten, 111, 112, 114, 116 beide, 117, 118, 119, 120, 123, 124, 125, 126, 127, 128, 130, 132, 133, 134, 136, 137, 138, 139, 140/141, 142, 143.
Wilhelm Drexel: Seite 41 beide, 49, 58, 59, 66, 67, 74, 75, 88, 89, 97 beide, 103 beide, 113, 121 beide, 129 beide, 135 alle, 144, 145.
Familie Emo/Andreana Emo: Seite 43 oben.
Jürg Haas: Seite 76, 77, 79 alle, 80/81, 82, 84 Mitte, 85, 86 beide, 87, 100 beide, 101 links, 102 oben links und rechts, 102 unten.
Béatrice und Marcel Heinz: Seite 92 beide, 94 beide, 95 beide.
Yves Lebreton: Seite 35 oben, 36 unten.
Franz Ostermann: Seite 69 oben, 70 alle, 71 beide.
Fernanda und Claudio Pellegrini: Seite 62 alle.
Rodolfo Schmidt Zagert: Seite 105 unten, 108 oben, 110 oben, 122.
Christina und Pietro Stassano: Seite 52 alle, 53 alle.

© 1999 Verlag Georg D. W. Callwey GmbH & Co., Streitfeldstraße 35, 81673 München
http://www.Callwey.de
e-mail: buch@callwey.de
Das Werk einschließlich aller seiner Teile ist urheberrechtlich geschützt. Jede Verwendung außerhalb der engen Grenzen des Urheberrechtsgesetzes ist ohne Zustimmung des Verlages unzulässig und strafbar. Das gilt insbesondere für die Vervielfältigungen, Übersetzungen, Mikroverfilmungen und die Einspeicherung und Verarbeitung in elektronischen Systemen.
Die Deutsche Bibliothek – CIP-Einheitsaufnahme – Ein Titeldatensatz für diese Publikation ist bei der Deutschen Bibliothek erhältlich.
Litho: Findl, Icking
Druck und Buchbinder: Printer, Trento
Printed in Italia 1999
ISBN 3-7667-1333-7